AF365563

MÁS ALLÁ DE LO QUE VES

ExLibric

DANIEL ARAIZ

MÁS ALLÁ DE LO QUE VES

EXLIBRIC

ANTEQUERA 2020

MÁS ALLÁ DE LO QUE VES
© Daniel Araiz
Diseño de portada: Dpto. de Diseño Gráfico Exlibric

Iª edición

© ExLibric, 2020.

Editado por: ExLibric
c/ Cueva de Viera, 2, Local 3
Centro Negocios CADI
29200 Antequera (Málaga)
Teléfono: 952 70 60 04
Fax: 952 84 55 03
Correo electrónico: exlibric@exlibric.com
Internet: www.exlibric.com

ISBN: 978-84-18470-17-2
Depósito Legal: MA-1112-2020

Nota de la editorial: ExLibric pertenece a Innovación y Cualificación S.   L.

DANIEL ARAIZ

MÁS ALLÁ DE LO QUE VES

La coherencia entre mente, cuerpo y energía de forma consciente es el puente que te reconectará a tu bienestar

«*No nos cansemos de hacer el bien, porque a su debido tiempo cosecharemos si no nos damos por vencidos*».

Gálatas 6, 9

Agradecimientos

Agradezco en primer lugar a Dios por las oportunidades que me ha brindado, por darme cada circunstancia para ir aprendiendo y poner en práctica todo y vivir de la experiencia del ahora.

Quiero agradecer a dos personas maravillosas, mis padres, por darme la vida y siempre apoyarme en todo. Gracias, mamá. Gracias, papá.

A mi esposa por ser mi compañera de aventuras y a mi hija por ser mi musa, mi maestra.

A mi suegra por siempre estar allí y a mi hermano de vida Carlos por su apoyo, asesoría y disposición.

A mis mentores, sobre todo a mi papá, Felipe, y a mi tío Carlos por su impulso.

A mis abuelas, tíos y primos por apoyarme siempre.

A mis amigos de mi cuadra, del colegio, de la universidad por su valiosa amistad y compañía.

Gratitud muy especial a la naturaleza, a los ancestros, a los animales por ser maestros de lo natural, de la vida, del bienestar…

Quiero agradecer también a las personas que me hayan ayudado no ayudándome. Han sido una motivación en el aprendizaje, en el emprendimiento y en la experiencia. Sí se puede.

Gracias, gracias, gracias.

Amado lector:

Gracias por tomar la iniciativa de leer este libro, que escribí con el propósito de contribuir a la calidad de vida de todos los seres. Sí, de todos. Estoy plenamente convencido de que si tú estás bien todo a tu alrededor también lo estará, incluyendo a tus «tutoreados» (animales) y a la naturaleza en general.

Estoy convencido de que los seres humanos somos maravillosos y que tenemos un poder extraordinario que brota desde nuestro interior, esa energía que por creencias hemos ido estancando, evitando que su fluidez nos embriague.

Eres un SER maravilloso y… creo que juntos podemos hacer cosas fantásticas. Cuando la coherencia de la mente, el cuerpo y la energía se encuentran, el bienestar te abraza, se alinea y expande.

No estás solo en este redescubrir. Recuerda que todo parte de ti…

Puedes seguirme en mis redes sociales y podemos compartir experiencias.

Gracias, gracias, gracias. Con amor.

¿Por qué leer este libro?

De una u otra forma, todos creemos en la energía, todos sentimos las vibraciones de las personas o lugares. A veces sin explicación alguna, solo las sentimos.

Aparte de la energía está el poder que hay en cada uno de nosotros. Somos unos seres extraordinarios, llenos de fuerzas internas. Somos una maquinaria perfecta. Nacemos puros y nos corrompemos en nuestro crecimiento.

Las creencias nos golpean de un lado a otro, entra en conflicto lo que dice la mente con el cuerpo y la energía. Nos desintonizamos y empiezan algunas «desaventuras», el enfoque cambia y se centra en los problemas en vez de en las soluciones. Pero algo en el interior sabe de ese poder, de volver a la armonía.

«De todos los conocimientos posibles, el más sabio y útil es el de conocerse a sí mismo».

William Shakespeare

En los animales he visto la pureza y el estado del bienestar, cómo influye la armonía. No hablo de presas y depredadores, adaptabilidad o de leyes de darwinianas. Todo eso está bien, es parte de las realidades relativas, pero hay algo más allá de lo que se ve y está en nosotros.

Todo está en el equilibrio, es una homeostasis. Somos seres asombrosos, llenos de una fuerza que nos mueve, nos guía:

pensamientos, emociones, energía. Todo esto influye en nuestra fisiología si lo permitimos. **Tú vienes con ese poder...**

Todo se mueve y depende la coherencia de quién eres, lo que haces, lo que dices. Lo sientes. Cuando esto se rompe es el momento en que sientes que pierdes la fuerza interna, hay un desequilibrio energético, no hay resonancia, se pierde la homeostasis... Es momentáneo si lo haces de forma consciente...

El problema es que todo esto está en el inconsciente; sabes que existe, pero no lo haces conscientemente, no quieres verlo ni creer en las leyes naturales. Estas leyes no se equivocan; nosotros, los humanos, sí.

SER-HACER-TENER: Tú eres alguien maravilloso, haces cosas extraordinarias y tienes resultados que vibran contigo. Cree en ti; la energía no se equivoca, nosotros sí.

«Detrás de nuestra forma física y psicológica, somos uno con la vida misma, uno con el ser».

Eckhart Tolle

Este libro está escrito para colaborar en tu bienestar y que puedas ver las cosas desde otro punto de vista; que en la comunión de la mente, el cuerpo y la energía está el poder que nos lleva a la grandeza del éxito desde la inmensidad del autoconocimiento de nuestro SER, de la fluidez de nuestra energía.

Después de leer este libro te garantizo que tendrás otro punto de vista y todo será más fluido.

Empecemos…

ÍNDICE

La energía

Más allá de lo que se ve

Cada vez que se habla de energías, temas sobre leyes naturales de la metafísica, se genera un morbo. Unos creen y otros no. Si observamos bien y en profundidad, todo es energía, vibraciones y leyes naturales. Aunque muchos rechacen esa teoría, existe. Está bien, es parte de la dualidad.

Muchas culturas, desde la antigüedad, sienten la energía. Quizás no había sido explicada como hoy en día; sin embargo, sabían que hay algo más allá de lo que se ve, algo que se puede sentir y hasta se podría materializar. A pesar de los miles de años, se sigue estigmatizando al poder mental, las leyes naturales, la energía y las vibraciones.

Todos los seres tenemos el nivel de sensibilidad y el «poder» de sentir las vibraciones de lo que nos rodea. Es como una cuerda de guitarra: al darle a una nota, las demás van a vibrar aun sin tocarlas. Es una resonancia energética.

Cuando se habla de energías salen los teóricos, los cuánticos, los creyentes y los que odian lo que se haga o no público (o sea, los que no tienen nunca nada bueno que decir de nada) buscando discusiones lógicas. Pero no es cuestión de lógicas. Es solo percepción y todos la sentimos. **Todo es energía, todo vibra...**

De acuerdo a culturas muy antiguas, se proyectaba la energía a través de meridianos en el cuerpo. Estamos formados por vórtices energéticos que pueden colapsar y emitir un bloqueo, una represa autoconstruida por factores emocionales y creencias limitantes que impide el flujo del cauce normal de ese río energético.

Todos los que compartimos algo sobre este tema, así sea la incomodidad y el no entenderlo, hemos de aceptar que está, que existe.

Los animales y los niños tienen un sistema de recepción energética extraordinario, su nivel se sensibilidad es supremo. Tienen la capacidad de recibir la información e incluso absorberla y transmutarla, son puro amor. **Todo es energía, todo es transmutable**. Hace años lo aceptaba, pero no lo entendía… Quería entenderlo, pero lo mejor es aceptarlo.

Vengo de una familia que no me cohibió el flujo energético, o sea, de percibir vibraciones; aunque daba algo de miedo, lo asumo, pero me dejaban fluir un poco más de lo normal. Desde muy pequeño tenía esa particularidad de sentir las energías. Todos la tenemos, el problema es que muchos niños tienen padres castradores debido a sus creencias.

Mi familia es una familia normal. Lo particular es que eventualmente hacían reuniones de metafísica en mi casa, cosas del mentalismo y el esoterismo. Viva lo místico. Nunca les presté mucha atención a esos temas; iba a las reuniones obligado. Sin embargo, participaba en los eventos y, aunque me aburría, algo quedaba en mi subconsciente. Viví muchas cosas maravillosas y también tuve que aguantar muchos juegos pesados, hoy llamados *bullying*, por parte de mis amigos. Era un niño al que le gustaba de alguna forma lo místico, lo extracorpóreo, lo extrasensorial.

Todos nacemos con la sensibilidad de las energías, con el instinto al máximo. La intuición nos guía y Dios nos ampara. Lo que nos diferencia son las creencias que nos dan para limitarnos.

La energía está a nuestra disposición. Somos energía pura que va transmutando en todo momento, aun cuando no se crea en ella. Los vórtices están en movimiento constante, no se detienen, siguen su flujo aun cuando se estén intentando bloquear.

¡Sí! El bloqueo es propio, es un autosabotaje, emociones en conflicto con los pensamientos. Hay una incongruencia entre lo que se piensa, lo que se siente, lo que se dice y cómo se actúa. No hay una buena comunicación y las corrientes de energía comienzan a taparse.

Todo se transforma… La vida es una bendición llena de perfección.

> *«Si quieres entender el universo piensa en energía, frecuencia y vibración».*
>
> Nikola Tesla

El mentalismo

Todo es mente. Si tú lo pensaste y te lo creíste, lo creas. Todo lo que pensamos se hace realidad; por eso debemos controlar lo que creamos con nuestro pensamiento.

Recuerdo las reuniones, cuando hablaban del mentalismo, del poder de la mente. Lo que pidas se te dará. «¡Cuidado con lo que pidas!», se decía en esas reuniones.

En la actualidad continúan con esas mismas premisas en los diferentes cursos que tratan estos temas. Años más tarde me doy cuenta de que no solo es cierto, sino que hay que hacerlo consciente y practicar. En aquel momento fue aburrido, hoy es algo muy divertido. Te invito a que juegues, con cuidado, y lo compruebes.

El **mentalismo** es un principio filosófico sobre la presencia de una «**realidad mental propia**», una imaginación, una visualización, algo diferente a la vivencia corporal.

Es una ley la del mentalismo: **todo parte de la mente**. En numerosas ocasiones no somos conscientes de la cantidad de pensamientos que pasan por nuestra mente. Todo lo que vivimos es creado por nuestra mente, es una proyección del pensamiento mantenido, cargado de una emoción que sirve como nitro. Sabiendo esto, podemos empezar a cambiar nuestra vida, eliminando todas las ideas negativas, cambiándolas por otras nuevas y que nos hagan sentir mejor.

Abraham Hicks comenta que cuando se da un pensamiento y centras tu atención en él durante diecisiete segundos, ese pensamiento traerá consigo otro que, por efecto de la **ley de la atracción** (en otro capítulo hablaremos de esta ley con más detalle), será más poderoso. Al final de otros diecisiete segundos (o sea, 34 segundos en total) el pensamiento evoluciona a un nivel de energía aún mayor.

Cuando pensamos, ya sea de forma positiva o negativa, hay una utilización de energía, es la misma para cualquier lado. Yo prefiero invertir mi energía en algo positivo. Total, es mucho más productivo.

Después agregas otros diecisiete segundos (que harían un total de 51) y continúa el proceso hasta llegar a un total de 68 segundos con la atención mental en algo. Entonces ese deseo está camino a su realización, estás creando.

La clave es el enfoque, que debería ser positivo (energía positiva y pura). No hay, durante este lapso de 68 segundos, cabida para un pensamiento de carencia o negatividad, aparte de la emoción que estás sintiendo por eso que estás pensando.

Veámoslo así: la mayoría de nosotros nunca hemos experimentado este proceso de 68 segundos puros de energía no contradictoria o de autosabotaje.

Al aprender a utilizar este proceso de pensamiento no contradictorio durante tan solo 68 segundos, entonces uno se va sentir mejor y te permites entrar en el disfrute de ir creando tu deseo. ¡Ah! Ahora sale el típico: «¡Hay que ser realista!». Pues te cuento que cualquier realidad es creada por la mente en primer plano, luego ejecutada.

Todos tenemos realidades diferentes. Son relativas y dependen del observador… Yo prefiero usar mi energía en cosas proactivas y que me generen emociones de altas vibras que estar pensando en pendejadas que me hagan sentir mal. ¿En qué prefieres invertir tu energía?

Ahora bien, continuemos… ¿Cómo lograr diecisiete segundos de pensamiento consciente?

Lograr diecisiete segundos de concentración en un pensamiento consciente es más fácil hacerlo por escrito o simplemente pensarlo. Al hacerlo por escrito puedes generar un hábito primario para luego acostumbrarte a pensar de forma positiva. Al hacerlo escrito te recomiendo que sea en forma de carta dirigida a un «amigo», que eres tú, haciendo cuenta de que eso que estás deseando ya ha sucedido en la realidad, es una realidad adelantada.

Describes cómo te sientes con todos los detalles posibles y te sumerges tanto en la descripción que te parece como si de verdad lo estuvieras viviendo. Recuerdas cuando le hacías la carta al Niño Jesús o a Papá Noel. Fuiste *full* detallista, aparte de que la emoción es maravillosa: ya sabías lo que iban a dar. O sea, una aplicación total de la **ley del mentalismo**.

Este hábito mental cambiará tu vida inmediatamente…

Cada vez más la ciencia confirma que la mente juega un papel importante en el éxito de cualquier persona. La neurociencia está corroborando que una mente consciente es una mente que es capaz de transformar la vida.

Si quieres cambiar algo en tu vida, tienes que empezar por cambiar la programación mental. La mente es como una computadora cuando instalas un programa para algún fin. En tu mente puedes instalar programas de bienestar, de lo que desees, generando el resultado que esperas.

Crees en algo, no cuestiones tu fe. Cree y sigue adelante.

En universidades prestigiosas, como la de Harvard, han hecho estudios reales sobre el poder de la mente, pensamientos y visualizaciones, tema de interés y sobre el que se quiere entender más.

Cuando piensas de manera positiva te mantienes con una actitud ganadora, aun cuando las cosas no estén saliendo como lo deseas. Te encuentras personas que quieren someterte a vivir en sus penas, llevándote a su posible realidad, llenándote de toxinas. **Todo depende de la forma en que veas las cosas**.

Siempre hemos sabido sobre el poder del pensamiento, incluso antes de que se generara una moda sobre las leyes naturales, de las que se sabe que funcionan, pero que no se ponen en práctica. Quizás sea por las mismas creencias limitantes que cada uno tiene.

Los grandes millonarios, gente de éxito en todos los planos, no solo en el económico, son expertos en la ley del mentalismo. Visualizan las cosas que desean y hacen su **plan de acción** en pos de lo que ven.

Hay muchas personas que se han sanado de enfermedades, personas que de estar en quiebra han montado empresas exitosas… Es mucho lo que hace es este poder que se subestima. **Hundirse en la mierda es una creencia, una decisión**.

El poder del pensamiento ayuda a mantenerte lo más alineado posible no solo con tu deseo, sino con tu presente.

Los animales no tienen un poder del pensamiento; sin embargo, he visto cómo se les mejora la salud de forma milagrosa, por así decirlo. No existe un placebo en ellos; sin embargo, su naturaleza en estado de pureza les permite fluir con la vida. También existen otros patrones energéticos que influyen. Lo hablaremos en otro capítulo más adelante.

El hecho es que nosotros **somos los responsables absolutos de lo que creemos**.

Recuerdo una vez, escuchando al doctor Joe Vitali en una entrevista que le hicieron dando unos *tips* sobre la gente exitosa. Él comentaba: «La mayoría de las personas están totalmente fuera del poder creativo de la imaginación e inevitablemente se dejan llevar ante los hechos y aceptan la vida sobre la base del mundo exterior».

Continuó…

«Tu vida es tal cual según tus creencias, es decir, tu programación mental. Te has fijado en millones de personas; viven con las creencias equivocadas, tienen programas mentales incorrectos y lamentablemente no lo saben. Desconocen esto que tú estás descubriendo aquí y mueren incluso sin saber por qué nunca pudieron lograr el éxito que desearon. Pues es simple: estuvieron mal programadas. Tuvieron las estrategias mentales incorrectas en el subconsciente y nunca pudieron cambiarlas. Pero lo maravilloso de esto es que tú no vas a tener que pasar por este problema. Es más, vas a hacer **todo lo contrario** y a voluntad».

¡Qué aburridos estos temas y entender estas cosas cuando yo era niño! El detalle es que no estaban muy formadas las creencias, por lo que simplemente **aceptaba** estos temas. También había cosas divertidas, pero a esa edad yo solo quería estar jugando en la calle con mis amigos. Sin embargo, esas clases se iban quedando en mi inconsciente. Ya me daba igual si me *chalequeaban* (término venezolano del ahora llamado *bullying*) o no. Todo lo iba absorbiendo, era una esponja. Pero sabía en ese momento que **hay cosas que van más allá de lo que se ve**.

Aprendí a callar sobre estos temas, pero sabía, sentía, que «eso» es el camino, tomando en cuenta los golpes que en algún momento me darían las creencias adquiridas por lo externo.

Lo que piensas repetidas veces y le pones emoción se manifestará.

Por decir cosas así me metí en problemas. Preferí callar y pasar por el chamo que echa bromas, pero sin hablar mucho sobre estos temas aun cuando creía en ellos totalmente.

Jamás dejes de ser tú, cueste lo que cueste.

La mente tiene un poder maravilloso. Si a eso se le suma una emoción igual de poderosa, más fe, se crea el milagro o el caos.

Entre el placebo y el nocebo

Se habla de placebo y nocebo como justificando cosas. En estos temas los animales no entran; ellos no tienen una sugestión de pensamiento que les manifieste el deseo de algo. Ellos son la pureza, es la línea de la energía y la vibración; por lo tanto, la manifestación de la energía y la expansión es maravillosa, tema que trataremos con más detalle en los próximos capítulos. Al saber eso podemos darle más poder al asunto del pensamiento.

La mente tiene un poder que subestimamos

El poder de la mente lo podemos apreciar de alguna forma gracias a un artículo publicado por Bill Sones y Rich Sones Ph. D. en el *Desert New*:

«En 1936, en la India, cuenta el premio Nobel Bernard Lown en "El arte perdido de la curación", se realizó un asombroso experimento con un preso condenado a muerte por ahorcamiento. Se le dio la opción de ser «desangrado» o que le dejaran salir la sangre, porque esto sería gradual y relativamente indoloro. La víctima estuvo de acuerdo. Fue atada a la cama con los ojos vendados.

Sin que él lo supiera, se colocaron contenedores de agua en los cuatro postes de la cama y cubos de goteo instalados debajo. Luego, después de que le hicieran pequeños rasguños en sus cuatro extremidades, comenzó la falsa brigada de goteo: primero rápidamente, luego lentamente, siempre en voz alta. Cuando cesó el goteo de agua, el corazón del joven sano también se detuvo. Estaba muerto; no había perdido ni una gota de sangre».

Nuestros ancestros sabían de todas las leyes naturales, estos principios que muchos no se ponen en práctica. Leyendo varias biografías de personas de mucho éxito y grandes profetas he comprobado que en muchas se hace referencia a estas leyes.

«Ni tu peores enemigos pueden hacerte tanto daño como tus propios pensamientos».

Buda

En este siglo, gracias a muchos científicos de diferentes ramas y a los estudios sobre física cuántica se puede cambiar la realidad a través de nuestros pensamientos. Sin embargo, aunque estos temas están más esclarecidos y hay menos tabú, siguen dando que hablar. La energía de cabeza.

Aprender a crear la vida que queremos vivir

Somos lo que pensamos; por lo tanto, debemos saber educar nuestros pensamientos y esforzarnos para que estos no nos invadan el día con preocupaciones. El poder de una mente puede ayudar a mejorar la situación que estemos viviendo en esos momentos, encontrando soluciones.

En algunas ocasiones de nuestras vidas vivimos momentos en los cuales nos cuesta mantener el control de nuestra mente, pensamientos «realistas» que nos golpean nuestro campo energético. No perdemos nada por accionar, buscando técnicas o maneras con las cuales mover a nuestra mente para que trabaje a nuestro favor. La mente no sabe lo que es real o no.

El poder mental es uno de los poderes más potentes que el ser humano posee. Con práctica se puede llegar a reeducar nuestra mente y así poder crear nuestra propia realidad. Te invito a que rebobines un poco ese casete de tu vida, ¿*OK*? Mira para atrás en el tiempo y revisa con detalle algunas cosas que pensaste que te podrían pasar en este hoy. La mayoría de las cosas que pensaste ayer las has cumplido hoy.

«Todos los eventos que has experimentado en tu vida hasta este momento han sido creados por tus pensamientos y creencias que has tenido en el pasado. Fueron creados por los pensamientos y palabras que usaste ayer, la pasada semana, el pasado mes, el pasado año».

Louise Lynn Hay

La mente tiene un poder que muchos subestimaron

En algunas ráfagas de recuerdo, en algunos de los talleres que me llevaban de niño hablaban del poder de la mente, de la ley de atracción y más cosas así. En aquel momento ni en juegos hablaba de eso con mis amigos. A veces se me salía algo y, bueno, las bromas venían…, pero creía en ese poder. Llegó un momento en que dejé de creer en eso. Aunque no se trata de de creer: es así, es una ley natural.

Muchas cosas que aprendí preferí guardarlas (modo supervivencia). Eventualmente las hablaba, pero muy por encima, sin muchos detalles, aunque seguía yendo a esas charlas. La verdad, me gustaban.

La mente quiere protegerte

Existen especialistas sobre este tema, gurús, maestros del tema mental, médicos y científicos de muchas áreas haciendo investigaciones sobre el poder de la mete. No hablo de telequinesis; es el poder de la mente en sí, el todo.

La mente es una especialista en el resguardo de la supervivencia. Ella va a proteger a toda costa tu zona de confort, o sea, las creencias que tengas, sean limitantes o no.

Cuando estés en el caos sabrás el nivel de paciencia que tienes…

Todo es dado por las creencias. Sí, son esas creencias, esos hábitos que se fueron quedando. Son programas; cuando entran o quieren entrar archivos nuevos sale «error». Es una autoprotección por lo ya establecido.

Recuerdo un día, jugando en el parque con mi hija. Estábamos trepando a un árbol, estilo mono, algo que nos gusta. Ella aprendió a subir y bajar de los árboles con un adiestramiento maravilloso. Me llegaron muchos recuerdos de su edad, cuando junto con mis amigos trepábamos a los árboles de mangos y disfrutábamos de esa maravillosa fruta colgados. También llegué a subir palmeras de cocos. ¿Ves? Una de mis creencias es disfrutar de las frutas montado en una mata.

Retomando el cuento de mi hija, estábamos jugando y ella trepó al árbol. Un niño con el que ella estaba jugando quiso hacer lo mismo. El papá del niño empezó a gritarle que se bajara y me veía con ojos de querer matarme. Le decía al niño que se bajara, que eso no son juegos, que se iba a caer. Por otro lado, yo hacía de porrista (me faltaban los pompones), motivando a mi hija a mantener el equilibrio y a que disfrutara de su colgada. Había una dualidad en el ambiente, dos creencias: una sembraba el miedo; otra, el disfrute… Sin juzgar, son creencias y están bien. Cada uno las ve de formas diferentes.

Por cierto, mi hija sigue manteniendo el equilibrio y sigue trepando a los árboles.

«Todo hombre es libre para elevarse hasta donde pueda o desee, pero el grado de su pensamiento determinará hasta dónde podrá llegar».

Ayn Rand

Tenemos una vida intelectual genial, un poder de pensamiento maravilloso. Nuestra mente es nuestra principal herramienta de supervivencia. Nuestra lógica, bien o mal, nos mantiene como especie (aunque sigo a favor de la intuición). Cada aspecto de nuestra civilización, todo lo que hace que nuestra vida sea más fácil, es gracias a nuestro proceso mental, a nuestros pensamientos.

Para los seres humanos, de alguna forma, nuestra «razón» de ser está en nuestra mente. Pensar es una decisión, no es algo automático. Es la capacidad de decidir de acuerdo a nuestros pensamientos.

No es necesario controlar los latidos del corazón, la respiración, no hay que regular nuestra temperatura. Son patrones automáticos. **Nuestros sistemas saben muy bien cómo trabajar de forma libre**. Pero nuestra mente, el pensamiento, es diferente. Puedes elegir y eso es algo maravilloso. Podemos elegir entre pensar y no hacerlo. Lo otro es DECIDIR en qué usar nuestros pensamientos.

Hay que prestar suma atención a los pensamientos y a las emociones, que son el fertilizante. Ellos se materializan. Todo lo que nos rodea, absolutamente todo, fue primero un pensamiento. **Todo nació de un proceso mental. Todo en tu vida es por tus pensamientos**.

A todo le buscamos detalles: a los estudios, a la pareja, al trabajo… A todo, hasta a la salud o a la condición física. Todo se va a hacer realidad. Los pensamientos se van a hacer realidad, poco a poco, pero se van a materializar. **Somos unos cocreadores de nuestra realidad**. Ahora bien, sabiendo esto, ¿cómo estás creando tu mundo? ¿Qué estás pensando que se volverá realidad?

La mayoría de las personas quieren vivir en piloto automático, viviendo a la deriva, a lo que venga. Vivir un mundo a lo accidente, como sea, de acuerdo a la zona de confort. Hay que tomar las riendas de los pensamientos, de la mente, evitar sumergirte en ese bucle de creencias que ni siquiera son tuyas.

Se debe hacer una visión de los pensamientos más conscientes. Así la materialización será más consciente y habitual.

El primer paso en este proceso es ser claro y definir realmente qué es lo que quieres, darte cuenta de qué es el efecto limitante; pensar en la vida ideal, en lo que quieres en tu vida. Todo está en la mente. Es centrarnos en la disciplina y en la consciencia del pensamiento.

Hay que dejar de ser un sonámbulo y abrazar el poder que hay en cada uno, el poder del pensamiento. La mente es una zona maravillosa que nos ha permitido sobrevivir en este plano, es parte de nuestra esencia como humanos.

Todos tenemos la posibilidad de hacer cosas tontas, cosas asombrosas. Es parte de nuestra capacidad de decidir a través de nuestras creencias y pensamientos.

«Tanto si piensas que puedes como si piensas que no puedes, estás en lo cierto».

Henry Ford

Hay una cantidad de cosas inconscientes que pueden arruinar tu vida. Pero todo es a través de los pensamientos. Es la clave para alcanzar la vida que tanto deseas. En tus manos, en tus pensamientos, está la victoria o el fracaso.

Hay que pensar de forma óptima, proteger a los pensamientos, **cuidar a los pensamientos, que son una semilla**. Hay que vivir con consciencia, diciendo en qué pensar, eligiendo qué pensar y aprovechando al máximo cada pensamiento, lo que realmente importa. Lo que puedas pensar lo puedes alcanzar.

Siguiendo con los recuerdos de mi niñez, en una oportunidad estábamos jugando con mis amigos de la cuadra, la zona donde vivía, y había una mata de mamón, *Melicoccus bijugatus*. Es una fruta que se da al norte de América del Sur y en Centroamérica. Era temporada; era un árbol muy alto. Solo subimos tres de los amigos. Quería el racimo que estaba en lo más alto; me mentalicé en llegar a toda costa. Mis amigos se fueron quedando en el camino (sé que no eran unas olimpiadas, pero fue algo importante para mí). El hecho es que llegué a toda costa a esa rama al final del árbol, cogí mi racimo como un trofeo, se rompió la rama y fui cayendo, rama por rama… El golpe fue muy duro; no me fracturé nada, gracias a Dios, pero me dolía hasta respirar. Mi trofeo fue que logré llegar y traerme ese racimo de mamones, que vino doble.

Puede ser una anécdota tonta quizás, pero es parte del poder del pensamiento. No es que las cosas se manifiesten en el plano físico con solo pensar, pero concentrar toda la atención en algo bien definido va a provocar cambios materializados. Se pueden controlar los pensamientos hacia las acciones, provocando un futuro tangible.

De eso trata el pensamiento consciente. Es la libertad de pensar, qué pensar y cómo pensar. No puedes controlar lo que está alrededor, pero sí lo que está en el interior. **No son los eventos de la vida, es cómo se procesan esos eventos. Es tu creencia**.

Todo es el significado que les das a las cosas, todo es un obstáculo o una oportunidad. Va a depender de tus pensamientos o tus creencias. Hay que tomar en cuenta que **todo pensamiento es alcanzable**.

Pensamientos repetidos se convierten en hábitos, en creencias, y tú te convertirás en lo que pienses.

Lo mejor que tienes es tu maravilla de vida. Da igual por lo que estás pasando; el significado se lo vais a dar tú y tus creencias. Aunque suene a cliché, tiene el poder de cambiar todo. Uno de mis maestros siempre dice: «Estás a un pensamiento de mejorar tu vida…». El proceso es centrarte en lo mejor que puedes contemplar, tu propia vida, tus pensamientos. Es lo más importante. Presta atención y vive en consciencia. La vida puede ser complicada, confusa, pero recuerda que eso son solo creencias y pensamientos. La mente, que te quiere en la zona de confort.

Míralo de esta forma: una persona que esté acostumbrada a ver su vida de telenovela, que viva en un rol de víctima, abrazando el dolor y el sufrimiento, trabajo forzado, puros «golpes de la vida». Alguien le dice que eso puede cambiar, pero no lo va a creer. Quizás en un pequeño momento lo haga, pero va a volver a lo mismo. Está acostumbrada a esa vida, lleva muchos años viviendo en el lodo del victimismo, esa es su zona de confort. La única forma de salir de ahí es practicando, creando nuevos hábitos, siguiendo hasta que ya sean patrones conscientes y sean parte de ti.

Los cambios sí se pueden dar

Los hábitos son nuevas creencias

Hacer las cosas que te gustan ayuda mucho, pero también hacer que te guste lo que haces. Eso te lo puede hacer el hábito. **Todo es el enfoque**.

Los pensamientos nos la juegan mucho, nos quedamos pegados en cosas que ni valen la pena. Es como cuando te pasa algo desagradable y dices con seguridad: «¡Sabía que me pasaría!». Pero cuando te pasa algo agradable dices: «¡No me lo puedo creer!».

Dejamos de abrazar las cosas buenas y lo positivo y preferimos el confort, pasarnos al lado del pesimismo, a lo que ahora llaman «ser realista». Todo el que piensa mal o todo el que sea pesimista es quien posee la verdad. ¿Desde cuándo?

Si nacieras pesimista, al primer intento de querer caminar y caerte ya no lo volverías a intentar. Total, ¿para qué intentar levantarte si te vas a caer de nuevo?

«Maneja tus pensamientos como si fuesen una película que puedes editar. Puedes verte realizar todas la tareas con tranquilidad».

Arthur Rowshan

En las clases de metafísica a las que me llevaban cuando era niño recuerdo que hablaban del poder mental, del poder de los pensamientos. Recuerdo que me decían: «Pide lo que quieras, que el universo te lo da…».

Para mí, sin entender mucho, fue algo contradictorio. Pedía cosas (era un niño) y si mis padres no tenían y no me las podían dar me sentía mal. No entendía. Me decían que pidiera lo que quisiera, que somos nacidos para la abundancia, que somos lo que pensamos, pero cuando pedía cosas no me llegaban.

Era algo complejo para un niño; sin embargo, me llegaban cosas. Solo tenía que esperar. Aceptaba lo que decían, llegué a abrazar las cosas que aprendí en aquellas reuniones en las que me aburría y hasta me quedaba dormido en un sillón. En ese momento no había teléfonos celulares, mucho menos internet, pero tenía un subconsciente que estaba gozando de todo lo que absorbía sin yo darme cuenta.

No solo tienes el poder del pensamiento: tienes el poder de decidir.

A medida que fui creciendo oculté esas cosas que conocía de alguna manera, pero que no sabía explicar. Ya el *chalequeo* (bromas pesadas) era suficiente por las meditaciones o cosas que veía o conversaba para ahora hablar del poder mental y de metafísica… Me quedé con los juegos y la adaptación a los grupos. ¡Adaptación! Sí, la mente trabaja siempre en modo supervivencia. Zona de confort.

«Cuando me dejo llevar por lo que soy, me convierto en lo que podría ser».

Lao Tzu

Todo es mente, pues todo es información. Todo lo que percibimos a nuestro alrededor, ya sea con ojos abiertos o cerrados, está compuesto de energía, de luz, sonido o vibración expresada en diferentes formas. Lo que conocemos por «realidad» sería una especie de información codificada, proyectada a nivel individual y colectivo.

La mente proyecta una realidad a través de un sistema de creencias impuestas, relacionadas con el círculo en el que nos encontramos (amigos, familiares, entre otros), sin ser consciente. Hay unos filtros diseñados para liberar al SER en un tiempo determinado de pasado a futuro lleno de reglas, decretos y ritos ideados para limitar de alguna forma la experiencia. Son las llamadas creencias. Se cree en lo que se quiere creer, sin haberse detenido a darse cuenta del porqué y para qué de lo que se cree. Aunque es un trabalenguas, es maravilloso saber que la creencia es adquirida, sin entrar en juicios.

En la mente no hay pregunta que confronte una creencia. Simplemente, se vive el efecto. Se cree y se crea a partir de una obediencia heredada. Se cree y se crea a través de un acondicionamiento o hábito por pensamientos repetidos que se hacen realidad. Aquí es donde se instala la programación de supervivencia y la búsqueda de culpables por eventualidades a los factores externos. Hay una naturaleza de defensa ante los programas nuevos cuando se sale de la zona de confort. En ese momento hay que ser fuerte y seguir.

«Lo que pensamos determina lo que nos pasa. Por eso, si queremos cambiar nuestras vidas debemos ampliar nuestra mente».
Wayne Dyer

Una mente consciente va a comprender su trascendencia en el juego individual y colectivo desde la responsabilidad del

SER. Se sabe la individualidad conectada a la unidad, donde cada pensamiento debe ser observado antes de darle importancia o atención, de enfocarlo para la posible manifestación. El cambio del mundo solo tiene un principio y un final y es en el encuentro con uno mismo.

El Sistema de Activación Reticular (SAR)

Es un filtro que se compone de varios circuitos de neuronas que generan millones de bits de información subconscientemente en nuestro cerebro. En otras palabras, elimina el ruido blanco, localizado en la base del cerebro. Se conecta con la médula espinal.

Entonces ¿qué pasa ahí? Podemos verlo de esta forma: si estás enfocado en preparar un examen, una presentación o algo importante, tu SAR es el encargado de filtrar los pensamientos que van a hacer de tu presentación un éxito o no. **Piensa bien y acertarás**. Es por eso que se recomienda escribir metas cada día, visualizar resultados, mantener afirmaciones poderosas y **creíbles** para que la mente no entre en conflicto. Más adelante se tocará el tema de las afirmaciones. La cuestión es que hacer estas «actividades» ayuda a enfocar tu mente subconsciente en lo que es importante para ti o en la creencia que deseas incluir.

Te ha pasado que cuando deseas algo piensas y sientes cosas buenas sobre eso. Le llamas certeza. Todo está en coherencia y alineado. Se vuelve realidad. Esa misma realidad puede ser «negativa», otra forma de ver la experiencia. Eso que tanto dicen, «piensa mal y acertarás», es solo una creencia. ¿Ves? Por eso te digo que hay que cuidar a los pensamientos.

El *feng shui* mental o el arte de ordenar la mente

El humano, para evitar cualquier cosa, se remonta a técnicas antiguas para la armonización del ambiente, donde se encuentra tratando de equilibrar el área de forma armónica. Sin embargo, todo es estructural.

Ordenar la mente de un adulto es algo tedioso debido a las creencias, pero se puede lograr volviendo al estado infantil y puro, lleno de deseos y nuevos hábitos que te permitan volver al estado de felicidad. Es lo que ahora los científicos llaman neuroplasticidad.

Organizar nuestra mente es vivir del presente, es crear lo que queramos que nos suceda en el futuro, sentir la armonía. Puedes contratar al mejor maestro en energías del universo y puedes mover por toda la casa el sofá, quitar o colocar el enchufe, romper todas las paredes, pero **si no reorganizas y te reconcilias con tu mente, jamás estarás en armonía con tus deseos**. Posiblemente mejores ciertas cosas, sí, pero seguirás en fases de «evitador» y no de buscador.

En vez de dedicarte a buscar lo que te hace feliz, a enfocarte en las cosas que te llenan, vas por la vida evitando las cosas, esquivando lo que más temes o no quieres. Es enfocarte en lo que no te gusta.

«Cada vez que te ocurra un sufrimiento, no lo guardes. Deja que suceda, pero no lo nutras. ¿Para qué ir hablando sobre él? Recuerda una de las leyes: que a todo lo que le das tu atención

crece. La atención es un elemento que ayuda al crecimiento. Si le prestas atención a algo, crece más».

Osho

Comportamiento estereotipado

Son los movimientos simples, como el balanceo del cuerpo o posturas de forma repetida manifestadas en personas y en animales en cautividad. Esto se da por muchos factores, que pueden estar sujetos o no a una condición específica congénita en el ser vivo. Es básicamente un patrón, un hábito en repetición, quizás patológico o puede ser por una misma rutina.

Haciendo referencia al libro de Vishen *El código de las mentes extraordinarias*, se habla de los *Brules* o «reglas de mierda», un término que él le da a las normas culturales de nuestra sociedad, que absorbemos sin tomar en cuenta si nos están sirviendo o si nos están limitando.

«Ayer era inteligente, por lo que quería cambiar el mundo. Hoy soy sabio, por lo que me quiero cambiar a mí mismo».

Rumi

Los patrones son repeticiones de algo, apartando las causas congénitas. Es un vulgar *copy-paste* o lo aprendemos de las personas que han compartido con nosotros. En el caso de los animales en cautiverio es por confinamiento, cosa que también puede pasar en los humanos.

Sin embargo, estos patrones nos pueden ayudar cuando los hacemos conscientes y desde la gratitud para ser mejores y descubrir nuestros límites, sin juzgarlos o someter todo a la rumia mental.

Desde la gratitud se pueden alinear las energías, con las acciones se rompen las cadenas o *Brules*, como las llama Vishen. Hacer conscientes los pensamientos y emociones fractura esos comportamientos estereotipados.

También el enriquecimiento ambiental es de suma importancia para salir de esos comportamientos. Esto se suele hacer para los seres vivos en cautiverio, sobre todo en animales. Nosotros tenemos la responsabilidad de volver a conectarnos con nosotros mismos y enriquecer nuestro ambiente interno alineando nuestra energía, filtrando nuestros pensamientos y abrazando las emociones que eleven nuestra vibra. Es incorporar nuevos hábitos…

¿Encuentras lo que está en ti?

El buscador de alegría es una persona cuyo epicentro está lleno de entusiasmo. Siente que va a lograr sus metas, que día a día vive en pro de sus sueños y lo más importante es que lo vive en su mente: sabe y tiene la convicción de que eso que sueña llegará, de que pronto llegará ese Día de Reyes anhelado con su gran regalo.

Juegos hormonales del buen pensar

El placer es uno de ellos

El SAR hace su trabajo de filtrado; la liberación de hormonas como la dopamina hace que el éxito se sienta tan bien. Los **pensamientos** van a crear impulsos, enlaces de circuitos hacia el bienestar y la salud o hacia el dolor y la enfermedad.

«Andan el pesar y el placer tan apareados que es simple el triste que se desespera y el alegre que se confía».

Miguel de Cervantes

Cuando el éxito nos abriga, nuestro cerebro libera productos químicos, neurotransmisores. La dopamina es uno de ellos. Es un químico que estimula la sensación de placer. Este neurotransmisor es responsable de sensaciones placenteras, como comenté anteriormente. También está involucrado en la coordinación de movimientos y la toma de decisiones y ayuda en la regulación del aprendizaje. Aparte, nos ayuda a buscar actividades nuevas que estimulen el placer y la curiosidad… La euforia es una de ellas.

La oxitocina, otro neurotransmisor, interviene en varios procesos fisiológicos. Juega un papel fundamental en la sensualidad, la afectividad y la sexualidad. Se la puede llamar «la hormona del amor». Aparte, colabora con la sociabilidad y la confianza. Tenemos la capacidad de modular las respuestas emocionales, de enviarnos mensajes positivos desde la corteza cerebral. Todo ello constituye una gran oportunidad para influir sobre este complejo sistema y lograr respuestas satisfactorias que **aumenten el bienestar y la salud**. Por favor, más oxitocina…

¡Que pasen las otras!

La serotonina es también otro neurotransmisor y contribuye al bienestar y la felicidad, entre otras cosas. ¡Ah! Parece jugar un papel relacionado con la depresión.

Las endorfinas son sustancias realmente importantes en nuestra vida, naturales y sintetizadas por el cerebro, que, entre otras cosas, alivian el dolor y contribuyen a la capacidad de adaptación. Les dicen las hormonas de la felicidad por su actuación con las sensaciones de placer. En este aspecto crean un efecto de bienestar y calman tanto a nivel físico como mental. Otra de sus funciones se basa en la inhibición del dolor.

«Puede quien cree que puede y no puede el que cree que no puede. Esta es una ley inexorable».

Pablo Picasso

El poder de la mente, los pensamientos, es una herramienta de construcción o destrucción maravillosa que tenemos los humanos. Todo depende de cómo la usas. Esos pensamientos así, solos, no causan peligro. La pólvora son las emociones. Esos neurotransmisores, a los que se les pasó una pincelada en la página anterior, son los que nos van servir de nitro o de ancla. Aquí es donde vemos que las creencias nos la juegan. **Un hábito es una creencia y una creencia es un pensamiento o forma de**

pensar repetidas veces… Entonces la creencia será un estado psíquico subjetivo, que aprecia como «verdad» algún elemento o idea del que crea, muchas veces sin capacidad de contraste. Esto puede traer una resistencia a cualquier cambio aunque eso traiga inconvenientes. No es que las creencias sean verdaderas o falsas. La cuestión es que te potencien o limiten, que te ayuden a alcanzar tu anhelo del alma o a vivir anclado en lo imposible.

La **creencia limitante** es el pensamiento negativo que, considerado como cierto (a lo mejor sin que realmente lo sea), condiciona todo lo que pase en tu vida. Por el contrario, la **creencia potenciadora** nos invita a avanzar, a progresar hacia lo que se considera motivante y hace sacar nuestra mejor versión.

¿De dónde salen nuestras creencias?

Sin lugar a dudas, de nuestra etapa de la infancia. Es ahí donde toda la información que recibimos pasa de forma casi inmediata a nuestro subconsciente. De ahí que nuestras creencias nos vengan dadas del entorno en el que vivimos, de las opiniones de los que nos rodean, como ese señor que me increpó porque dejaba a mi hija subir árboles como si fuese una mona… Su creencia es que ese juego es malo. Para nosotros es algo superdivertido y, ¡sí!, como monos, saltando por las ramas estilo Tarzán y gozando con la libertad del disfrute sin elementos limitantes, pero con equilibrio para no caer. ¡Ajá! La confianza también es una creencia…

Parte de la belleza de la naturaleza es que no existen las creencias. Simplemente, todo es como es, no hay cuestionamiento, todo es fluir, todo es energía.

¿Es posible cambiar las creencias?

Pues claro que sí, te lo garantizo. Al igual que tú, he pasado por muchos momentos desagradables. Todavía los paso, son parte de nuestra experiencia en este plano. Hay que asumir la responsabilidad de lo que se está pensando (semilla), fertilizando (emociones), regando (acciones) y atrayendo (fruto).

«No fallan los principios, fallan las personas».

Lain García Calvo

Hay que tomar acción al cambio, ser coherente en lo que se piensa, se dice, se siente y se actúa. Todo está en tus manos, en la responsabilidad de querer y **hacer** el cambio. Y cuanto antes consigas hacerlo, antes verás los beneficios que produce. Esto tampoco es fácil; es trabajo, son ganas, poner empeño y hacerlo hábito, trabajar en eso en cada momento.

Puedes ir haciendo este ejercicio: identifica las creencias que consideres que te limitan para alcanzar los objetivos. Me vas a preguntar que cuáles son y dirás que si lo supieras ya las hubieses cambiado. *OK*, te cuento que sí sabes cuáles son y las reconoces, solo que te generan dudas. Cuestiónalas, pregúntate si eso que piensas te va a llevar al lugar que deseas y siente tu cuerpo. Nadie te conoce mejor que tú mismo.

Al principio puede ser algo molesto, pero llega un momento en que vas identificando las cosas y comienzas a actuar, modificando esos pensamientos. Es abrazar los nuevos hábitos.

Es importante comenzar a ser consciente de que son creencias y, por lo tanto, no tienen que formar parte de la realidad en la que estás viviendo. Por consiguiente, al identificarlas y cuestionarlas las puedes cambiar. No es fácil, pero funciona.

Lleva esto a la práctica diaria y en todo momento conseguirás integrar las nuevas creencias que sean productivas para tu presente y te ayuden a alcanzar tu objetivo.

La visualización y el poder de ver antes de que pase

«Eres más productivo haciendo quince minutos de visualización que dieciséis horas de trabajo duro».

Abraham Hicks

El cerebro es maravilloso, es capaz de crear cualquier tipo de imágenes mentales recreando experiencias perceptivas.

Recuerdo cuando, en mi infancia, mis padres me hablaban sobre el poder de las visualizaciones de las imágenes mentales. «Cuidado», piensas. ¿Ahora es cuidado con lo que piensas y visualizas? Cada vez más responsabilidad…

Como ejemplo están las pesadillas o sueños placenteros, el que se te ocurra. El cuerpo siente y experimenta lo que pasa en la mente. ¡Sí! Los sueños quizás sean inconscientes, pero de lo que te hablo es de la capacidad de expresar sensaciones corpóreas a través de un proceso «imaginativo».

Cuando estudiaba meditación y cursos sobre el poder de la mente y otras cosas relacionadas con el crecimiento personal y la metafísica, hacíamos ejercicios sobre el poder de las visualizaciones. El más común es el del limón o algún cítrico. Es algo así: cierras los ojos y respiras con calma, fluyes con la respiración… Ahora visualizas un limón picado a la mitad y sientes que lo exprimes en tu boca. El cuerpo inmediatamente comienza a salivar (eso ocurre realmente si lo haces como debe ser), hasta podrías sentir el nivel de acidez. Si imaginamos una situación, sentiremos sensaciones parecidas a las que tendríamos en la «realidad».

Este tipo de procesos es algo muy similar a lo que hablamos en el tema anterior del placebo o del nocebo. La mente es una belleza y es muy poderosa. Ahora le sumas la imaginación y aumenta su poder creador.

«Dichosos los que no han visto y, sin embargo, creen».

Juan 20, 29

Mucho se habla del «ver para creer» de Santo Tomás en el Evangelio. Yo, particularmente, soy del **creer para ver**. Todo es materializado después de pasar por la mente. Lo que sea se hizo en la mente en primer lugar. Puedes llamarlo **fe**.

A pesar de la capacidad para generar imágenes a través de modalidades sensoriales, ahora si lo hacemos de forma consciente y le damos la connotación de visualización creativa, literalmente le damos la fuerza creadora y consciente de generar y procesar las imágenes específicas, o sea, modificarlas a nuestro gusto.

Hay autores que ven que la visualización creativa está relacionada con técnicas de imágenes guiadas o trabajos con hipnosis. Así un entrenador, médico o especialista puede ayudar a personas o pacientes en general a generar imágenes que simulen o recreen una percepción sensorial, alterando los estados de conciencia. El fin de la visualización es para todo… **Si tú estás bien, todo estará bien.**

En los años 70, el doctor O. Carl Simonton, oncólogo y director del Centro del Consejo de Investigación del Cáncer en Texas (Estados Unidos), fue uno de los pioneros en la utilización de visualizaciones (o imaginación creativa, como él lo llama) aplicadas al tratamiento tradicional o alópata. El doctor Simonton enseñaba a sus pacientes a usar su mente y visualizar una batalla en el cuerpo, en la que los glóbulos blancos destruían las células malignas que encontraban. Los pacientes iban imaginando cómo se iba destruyendo el tumor y cómo recobraban la salud.

«La visualización adecuada mediante el ejercicio de la concentración y la fuerza de voluntad nos permite materializar los pensamientos, no solo como sueños o visiones en el ámbito mental, sino también como experiencias en el ámbito material».

Paramahansa Yogananda

No significa que la visualización cure por sí misma este tipo de enfermedades, no lo sé, pero poner la mente ayudando con imágenes creativas proporciona numerosos beneficios. En la actualidad se usa la visualización y se sabe sobre la efectividad para ayudar en tratamientos como el estrés y colaborar en otros procesos algo más intensos, como los tratados por el doctor Simonton. Muchos investigadores han descubierto que la visualización también mejora y desarrolla la confianza en uno mismo y aumenta la actitud positiva.

A pesar de la maravilla del poder de la mente y las visualizaciones, es impresionante lo que hace el cuerpo en general. Más adelante hablaremos de esto en los animales y su energía. Los seres vivos somos maravillosos.

Las técnicas de relajación basadas en la imaginación utilizan la visualización en situaciones y emociones como transporte para alcanzar un estado de relajación más fácil. A través de instrucciones se induce al individuo a vivir, desde la visualización, una experiencia de estados manifestando unas sensaciones de tranquilidad y relajación mental. Están recomendadas para procesos físicos y cognitivos asociados al estrés, afrontando situaciones asociadas a estímulos sensoriales, colaborando con la recuperación del individuo.

Todo lo que pensamos produce resultados. Si tenemos pensamientos creativos y positivos, tendremos resultados más creativos y positivos. Si, por el contrario, nuestros pensamientos son negativos, tendremos resultados negativos. Está claro que tenemos que cambiar nuestra manera de pensar si queremos conseguir otros resultados diferentes o positivos.

«Si cambias la forma de ver las cosas, las cosas que ves cambian de forma».

Wayne Dyer

La visualización es una herramienta muy útil para conseguir un mayor control de la mente, de las emociones y del cuerpo, así como para efectuar los cambios deseados en uno.

Aprender a relajarse e imaginar vívidamente diferentes cosas o situaciones de la forma más realista posible, aportando todos los detalles posibles que se puedan incluir, genera emociones, sensaciones, incluso modificaciones de comportamientos… Es el uso consciente de la visualización en la vida diaria con propósito de alcanzar nuestros objetivos, de mejorar en general nuestra calidad de vida. Es un proceso de reactivación de experiencias sensoriales, incluso colabora con la neuroplasticidad y con procesos emocionales que permiten poner nuestros recursos al servicio del colectivo, pasando quizás del desarrollo personal al desarrollo compartido. En la visualización se representan escenas en las que nosotros participamos activamente y sumamos a seres para que el beneficio sea colectivo. No es solamente imaginar, es proyectarnos al lugar donde se lleva a cabo la acción.

Gracias a la visualización vamos a poder explorar nuestros deseos y tomar un poco de distancia para poder elegir qué queremos guardar y qué queremos cambiar. Cuando hay un fluir, una coherencia de lo que **pensamos, visualizamos, sentimos, decimos y hacemos**, la fluidez nos lleva, se desbloquean todos nuestros canales.

Muchos de nuestros problemas residen en el miedo que tenemos a lo que no conocemos o a esas creencias que nos limitan. Con la visualización vamos a imaginarnos situaciones que podamos cambiar, incluso sanar. Yo creo en los milagros.

La aplicación de la visualización creativa propone educar al individuo para alterar las imágenes mentales, lo cual en su momento contribuye al cambio emocional. Específicamente, el proceso facilita a la persona el reemplazo de imágenes que generan el dolor físico o psicológico, transformándolo en algo placentero.

Yo no creía mucho en esto. Bueno, es como, en el fondo, creer por ser algo adquirido y que estaba en mi inconsciente dados los eventos a los que acudía con mis padres; pero a la vez dudaba por encontrarme a personas que hacen la contraparte, muy radical quizás, pero también me enseñaron. Es esa mirada dual que puede llevarte a los extremos.

Yo creía, pero la mayoría de mi entorno no, aunque hablaban de energía. Es como ir a las iglesias y hablar del amor de Dios y salir destruyendo con actos y con la palabra. Cero coherencia…

Me las vi un poco complicadas por ese entonces, como niño, aunque practicaba y sentía bajo la impresión de tener ese poder maravilloso de activar la visualización. Lo había logrado, pasaban cosas maravillosas. No me lo creía. A veces contaba estas cosas y, claro, mis padres lo entendían. El problema fue mi círculo social y para un niño es importante.

Actualmente uso la visualización para ayudar a mis pacientes animales y en mis terapias holísticas con humanos y animales, enseñando estas herramientas a las personas para que experimenten esa maravilla. Los resultados son maravillosos, incluso en animales.

La visualización compartida y fluida

Más adelante hablaremos sobre el poder de la energía en los animales y las regeneraciones en los seres vivos, pero ahora es importante aprender a dirigir el poder de la energía visual. Sabemos que hay científicos haciendo estudios sobre el poder de la visualización, pero es importante compartir lo que visualizamos, que otras personas o seres vivos se vean beneficiados por tu bendición recibida. Es así como funciona todo: dar, recibir y compartir. Todo es fluir. El poder compartir es como un nitro a las proyecciones. Estás interviniendo en el bienestar del prójimo, lo que multiplica la bendición de lo imaginado. No es la fase del egoísmo, de que todo sea solo para uno. Es pensar en el bienestar común.

«Cada uno debe dar según lo que haya en su corazón, no de mala gana ni por obligación, porque Dios ama al que da con alegría».

Corintios 9, 7

No creo en un Dios castigador o maltratador basado en miedos, aunque respeto a los que sí. **Creo en el poder del amor y en la energía del universo.**

Imagina por un instante que vas a una reunión por un cumpleaños. Estás alegre por ser alguien especial en la conmemoración. Vas a comprar algo, estás muy alegre, estás feliz de comprarle algo. Cuando das y ese dar es del corazón la alegría es efervescente. Todo lo que damos con el corazón y con alegría, sin esperar nada, regresa multiplicado, porque Dios ama al que da con alegría. Visualizar que recibes bendiciones y que a su vez las compartes es una sensación maravillosa, aparte de que te acerca más a tus deseos. La visualización es una herramienta sencilla para diseñar la vida que deseas y hacerla tangible.

La mente es poderosa. **Nuestros pensamientos y las emociones tienen la capacidad de modificar la realidad.** Por supuesto, todo esto es a través de la acción. Por lo general usamos la mente para pensar sobre lo que ha pasado, sobre lo que no funcionó, haciendo reflexiones sobre los aspectos que nos preocupan. De este modo estamos invirtiendo nuestra energía en alimentar una situación que no nos gusta. ¿Qué tal si comenzamos a dirigir nuestro potencial hacia la creación de lo que queremos hasta que se vuelva tangible? ¿Te ha pasado que cuando quieres algo lo empiezas a ver por todas partes? A mí esto me pasa constantemente. Incluso me llegan personas hablándome sobre el tema o sobre las cosas en las que estoy enfocado o que me gustan.

Recuerdo que una vez quería estudiar PNL. Empecé a averiguar; siempre me gustaron los temas sobre el crecimiento y desarrollo personal. Resulta que me llegaban personas no solo vinculadas al tema, sino que llegaba gente que ni creía en eso y quería estudiarlo. Es impresionante. **A lo que le prestes atención, eso crece…** Otro ejemplo es cuando hay un coche determinado que te llama la atención y empiezas a encontrarlo por donde vayas.

Estas cosas pasan porque estamos preparados para detectar todo aquello en lo que centramos nuestra atención. Así pues, lo que ocupes en tu mente, tus pensamientos más emociones, es mucho más fácil revelarlo en el mundo físico. Quien constantemente piensa en dificultades las encuentra, igual que si piensas en cosas positivas encontrarás motivos alegres. Siempre hay que ser positivo o pensar que nada malo te puede pasar, es pensar de manera agradable. Eso hace que las cosas se resuelvan más fácilmente y que el desgaste resolutivo sea menor. Y, por qué no, quizás te llega un milagro.

«Que una persona altere radicalmente sus pensamientos y se sorprenderá de la rápida trasformación que producirá en las condiciones materiales de su vida».

Napoleón Hill

Sabiendo esto puedes decidir en qué cosas pensar, con qué nutrir a tu mente. Las visualizaciones ayudan a mantener esas conexiones activas; tu cerebro las identificará y el universo te dará el cómo. La visualización nos ayuda a transformar de alguna forma el contenido. Antes apreciaba esto; dejé de practicarlo por las cosas que he comentado sobre mi círculo social. Hoy en día lo pongo en práctica, lo hago consciente y los resultados son extraordinarios. A veces hay un intento de autosaboteo por las creencias, pero aprendes a identificarlas y a su vez ya tienes la cura.

Las repeticiones...

¿Hasta cuándo lo mismo?

¿Te ha pasado que las cosas se repiten? Situaciones, personas, cosas que se repiten como un patrón. Cambias de trabajo o de pareja y el nuevo jefe o la nueva pareja tiene cosas similares al anterior hasta el punto de parecer que es lo mismo, como si jamás hubieses cambiado de trabajo o de pareja.

Hay que ser responsables. También hablaremos pronto sobre la responsabilidad, pero quiero decirte que estas repeticiones no son fruto de azar, no son algo fortuito. Son procedentes de ti. ¡Sí!, de las creencias, de tus creencias.

De una u otra forma, las cosas que pensamos y que quedan sembradas en el subconsciente encuentran el camino para manifestarse ante nuestra mirada. Es algo así como si tienes una parcela, una tierra fértil y hermosa. La aras y formas los surcos para el proceso de siembra. Empieza la plantación, comienzas a sembrar lo que quieras y en esa fase una semilla de alguna hierba se cuela, pasó el filtrado. No es la que querías, pero también va a crecer. Quizás sea una hierba oportunista, invasora o parasitaria. El hecho es que se plantó y ¿sabes qué? Va a crecer y se va a extender. Tal vez será muy difícil sacarla, pero lo podrás hacer. Todo depende de ti...

Hay que llenar nuestro espacio mental con afirmaciones e imágenes positivas o que nos motiven y que sean consecuentes con nuestros deseos.

Muchas veces tenemos esos espacios vacíos, por creencias vamos juzgando todo o castigando decisiones. Es una novela mental, la respectiva rumia de autocastigo por las cosas que «pudieron haber sido». La realidad es que todo es mente, energía, visualización y proyección. Es lo que tiene que ser, estás donde tienes que estar.

La visualización ayuda a implantar escenas que resuenen contigo y tus deseos y así tenerlos presentes durante el mayor tiempo posible.

Entre realidades

Hay muchos estudios (y siguen haciéndolos especialistas en neurociencias y carreras afines) donde se demuestra que pensar en una acción provoca en el organismo efectos muy similares a si la estuvieras realizando en forma física.

Antes hablamos sobre eso, pero refresquemos un poco. Imagina que vas en un avión y saltas. Sientes el salto, sientes que caes, los neurotransmisores se activan, liberas hormonas, estrés, ansiedad, pasa de todo por tu cuerpo. No es una realidad física, todo es mental.

Otra prueba es la realidad virtual. En este siglo, en esta época, ya se usa mucho. Estás en un lugar, tu cuarto; te colocas las lentes de realidad virtual y la mente vuela. No es una realidad física, todo pasa en tu mente, pero la consecuencia sí es física: sientes todo, lo «vives» y se manifiesta en tu cuerpo. Eso es parte de una realidad relativa.

«Todo es relativo». Albert Einstein

Todo lo que pongamos en práctica genera una memoria. Somos seres de repetición, de patrones, de programas. Tenemos la capacidad de cambiar lo que no nos permita evolucionar. Es algo como un efecto dominó. Aunque hablaremos más adelante sobre eso y sobre la energía, te daré una pincelada.

Piensas en algo negativo o de baja vibra, imaginas cosas que son X, que no nutren, lo que hacen es restar; pero están allí, como la hierba que se coló en el cuento anterior. Es parte de la novela, del sufrir implantado y que forma parte de nuestras creencias.

He visto, incluso me ha pasado, que nos creemos muy positivos, pero con una mancha de víctima en ese positivismo. Sufrimiento para lograr las cosas, las metas alcanzadas, y con orgullo decimos que todo fue sangre, sudor y lágrimas. No lo estoy cuestionando, he pasado por eso, incluso puede ser que lo esté pasando. Es parte de las memorias. Lo importante es ver que no es sufrir lo que te hace ser grande, sino que disfrutes del camino. Eso es parte de lo que imaginas.

Cree en lo bueno que te pasa y cuando algo que no sea lo que quieres se presente, di que eso es una mentira, es falso, y decreta tu verdad… Recuerda que todo es relativo.

Hace muy poco tiempo viajaba en mi tercera migración, casi de mochilero, con mi esposa y mi hija de Santiago de Chile (país mágico y al que estoy lleno de gratitud) a Valencia (España). Tenía compromiso laboral y de emprendimiento, una oportunidad. Todo estaba planeado, todo fluía fácil y rápido. De repente fuimos unos de los últimos vuelos a España. Escala en Barcelona y se cancela el vuelo de Barcelona a Valencia. Pandemia, **coronavirus** suelto, cuarentena mundial. Solos en el aeropuerto de Barcelona. Claro que estábamos asustados. Sin embargo, creíamos en lo que hacíamos: convicción. Mi esposa, con un ímpetu ganador, fue sin rendirse a hablar nuevamente con la persona que estaba en la oficina. Mientras ella hablaba con su fe, en la mente decíamos que todo eso era una mentira, que la verdad es que quedaba cupo, que íbamos para Valencia, que encontraríamos la forma de llegar. No conseguimos un vuelo directo para Valencia, pero se consiguió un vuelo Madrid-Valencia que fue un vuelo inmediato. O sea, correr por todo el aeropuerto de Barcelona, ya que fuimos los últimos. Risas, maletas, tapabocas, adrenalina y gratitud. Lo logramos…

Quizás te han pasado cosas similares o has visto cosas más relevantes que un simple vuelo. No es el vuelo o el problema, es la visión, es a lo que le pones atención. **Muchas veces nos abrazamos al problema y no a la solución**.

Sufrir es una opción, como también lo es esperar lo mejor. Te invito a hacer un ejercicio y, como siempre digo, lo bueno hay que compartirlo. Este ejercicio lo hago a diario y me encanta. Te invito a hacerlo:

Encuentra un lugar tranquilo y colócate en una posición que te sea cómoda. Olvídate de que tiene que ser una posición de loto o algo contorsionista, solo fluye.

Quédate mirando un punto, respira profundo y trata de que la respiración sea diafragmática. Si no lo consigues, no te preocupes. Ve cerrando tus ojos lentamente y concéntrate en la respiración…

Ahora visualiza una pantalla gigante frente a ti. La pantalla más grande y maravillosa que existe es tuya, con los colores más nítidos y la mejor resolución. Casi sientes los olores, es lo mejor que has visto. Ahora es como si fueses el director de la película. Dirige todo cuanto quieres, dale matices, efectos, lo que quieras, ya que no solo eres el director, eres el protagonista.

Visualízate viviendo algo maravilloso (te recomiendo cosas sencillas al principio para que te acostumbres; luego vas con cosas más grandes), solo sé tú, mira la felicidad que sientes según lo estás visualizando. Ahora mira la película en primera persona. Vívelo, siéntelo, gózalo. Dale colores, olores, incluso sabores, textura. Dale todos los detalles que sean posibles y **vívelo**. Es tu película, créelo.

Eso que tienes ahora **compártelo**, disfruta eso vivido con más seres. Los que quieras y con quienes quieras, pero compártelo. Lo que decidas en tu vida hay que compartirlo, debes en la visualización ver a beneficiarios aparte de ti por tu deseo. Ahora siéntelo realizado, siente que ya es tuyo y que ahora es parte de tu pasado. **Abrázalo como un recuerdo**.

Uno de los detalles de las visualizaciones no es solo sentir que son tuyas, es el arte de compartir y ver a personas, muchas, beneficiándose también por lo que visualizas. Y el condimento es verlo como un recuerdo placentero que viviste lleno de gratitud.

«Por eso os digo que todas las cosas por las que oréis y pidáis creed que ya las habéis recibido y os serán concedidas».

Marcos 11, 24

Las dualidades

Lo que no vemos, pero sabemos que está allí

Ya hemos tocado temas referentes al poder del pensamiento y lo que podemos hacer a través de las visualizaciones. Vamos a trabajar ahora la energía y la materia. Sí, siempre que se habla de estos temas todo el mundo se pone de cabezas. Es un escozor hablar de energías o de temas holísticos. La verdad es que todo es energía y holístico significa el todo.

Para que se materialicen las cosas debieron pasar primero por un proceso de mente, un pensamiento, energías, sinapsis neurológicas de creación para así convertir ese pensamiento en algo tangible.

Recuerdo que una vez leí un relato de un neurocirujano y un astronauta. Era de autor desconocido, pero me gustó mucho…

«Un astronauta y un famoso neurocirujano discutían sobre la existencia de Dios. El astronauta dijo:

—No creo en Dios. He ido varias veces al espacio y nunca vi ni siquiera un ángel.

El neurocirujano se sorprendió, pero disimuló. Después de pensar unos instantes comentó:

—Bueno, he operado muchos cerebros y nunca he visto un pensamiento».

NO es tema de religión, cultos o doctrinas. Todo es energía.

No es tema de religión ni nada que se le parezca. Es parte de la dualidad del ser humano. Las diferencias que pueden existir entre cada SER son una verdad, una creencia, pero es relativa.

Todos somos duales, todos tenemos verdades relativas, pero en el fondo hay una absoluta.

Hagámoslo tipo diccionario: «Del latín *dualĭtas*. **Dualidad** es la existencia de dos fenómenos o caracteres diferentes en un mismo individuo o cosas. Filosóficamente hablando, se puede decir que es una doctrina que reivindica la existencia de dos principios o campos de energía suprema independiente y/o antagónica».

«La mente tiene dualidad, pero el alma tiene un solo camino».
Sri Swami Purohit

Se habla de dualidad cuando algo contiene en sí dos naturalezas, dos principios. Un ejemplo claro es la energía-materia. En el humano lo vivimos; yo lo veo como el yin y el yang, el tao, lo físico y lo energético. Algunos lo ven como el bien y el mal.

La energía es la fuerza motivadora que impulsa todo, es lo que mueve la vida, lo que esté y sabemos que existe, pero que no lo vemos. Es algo como el wifi. Sabemos que existe, pero no lo apreciamos con la vista.

A mí me costaba entender esto un poco. Aun cuando me crie en medios metafísicos, me costaba. Había una dualidad entre lo que quería creer y lo que creía (mi verdad). Después no necesitaba entender lo que estaba allí, solo sentía la energía de las cosas. Tú también la sientes, pero, como siempre queremos una explicación de todo, entonces vienen los golpes en las creencias.

Trabajando medicinas naturales he sido partícipe de cosas maravillosas. Literalmente, ver milagros en mis animales. Es un trabajo en equipo, energías unitarias que se abrazan para un mismo fin.

«Lo esencial es invisible a los ojos».

Antoine de Saint-Exupéry

Hace un tiempo hablaba con una amiga. Ella pasaba por un momento de aprendizaje, algo muy movido, ya que era un ruptura de una relación sentimental de hacía años. No es algo valorado como negativo o positivo, es un acontecimiento que está ahí para aprender. ¡Desagradable! Claro que lo es.

Ella me contaba lo difícil que era todo. Yo la escuchaba. Es mi tarea como amigo escuchar sin juicios. Solo escuchar y aceptar lo que está pasando. Es también parte de mi responsabilidad energética, es una atracción. Algo en mí atrajo ese momento.

Hablamos largo, tendido y ameno. Hablamos de victimizaciones y victimarios, incluso de energías ancestrales que se manifiestan en nosotros, donde pasan cosas que ni sabemos. El porqué ya lo descubriremos; ahora solo lo sentimos, está allí. Es un patrón recurrente…

Cosas que quizás no se vean, ¡claro! En la dualidad no queremos ver el mundo energético, solo nos enfocamos en el mundo físico, lo carnal, lo tangible y material.

No es juzgar si él o ella están en lo que debe ser. Es que **todo es un amplificador**. En la dualidad tenemos el poder de amplificar nuestro SER, pero ¿cuál?

Tenemos el **ser de creencias**, aquello en lo que nos hemos convertido en el paso de nuestro crecimiento; o el **ser puro**, ese que es nuestra esencia, nuestra energía, nuestra alma.

Todo lo externo es un amplificador: dinero, títulos, pareja, hijos, trabajo… Todo amplifica lo que somos.

Dios es amor y el amor es libertad… En lo externo se funde para amplificar la verdad de la pureza, la bondad.

Cuando la creencia o la energía alterada pasa por algo influido externamente, esto también se amplifica. La expansión de esa energía de lo que eres en creencia o en pureza se ve reflejada en el momento en que le des el poder necesario.

Recuerdo una parábola cheroqui. Quizás ya la hayas leído. Si es así, recuérdala; si no, genial, disfrútala:

«El jefe de una tribu cheroqui le habla a su nieto acerca de la vida. Le dice:

—Una gran batalla está ocurriendo dentro de mí. Es una lucha terrible. Es una lucha entre dos lobos. Uno de los lobos es el mal: él es el temor, la ira, la envidia, la codicia, la arrogancia, el resentimiento, la mentira, la soberbia, la culpa. El otro es el bien: él es la alegría, la paz, el amor, la esperanza, la humildad, la generosidad, la verdad, la compasión, la dulzura y la fe. Esta misma pelea ocurre dentro de ti y dentro de cada uno de nosotros.

El niño se queda pensando en lo que le había dicho su abuelo. Pasado un tiempo le pregunta:

—¿Qué lobo ganará?

El anciano mira a su nieto fijamente y contesta:

—El que alimentas».

Los lobos, las emociones, todo eso está bien. Es una gran parábola.

La dualidad es entre el SER de creencias, en el que están las emociones compartidas de baja y alta vibra; y el SER puro, ese que simplemente es, el que vemos en los ojos del recién nacido, en los animales, esa energía pura donde todo es fluidez, donde todo es pura alta vibración.

¿Qué amplificas? ¿Cuál es tu amplificador?

Toma un momento para ti, respira profundo y sutilmente, mira por un instante la maravilla de SER que eres y ve cuál o cuáles son tus amplificadores, qué es lo que estás permitiendo que se incremente y expanda. Es poco tiempo. Te aseguro que te va a impresionar lo que vas a descubrir.

Todos los seres salimos en la búsqueda de la sabiduría, la fuente del todo. Ese todo está en cada uno.

En dualidad cabe destacar las corrientes opuestas que, a su vez, son parte del todo. Es la unidad, la divina morada, lo físico y lo energético, el yin y el yang, la mente y el cuerpo.

En esta búsqueda, que todos la hacemos de alguna manera, la mayoría renuncia por el aburrimiento (que se produce quizás por las creencias) y solo un pequeño porcentaje llega al éxito por la perseverancia y la dedicación.

El autodescubrimiento, ese momento eureka que puede llegar de muchas formas

He tenido y tengo muchos mentores. Veo el éxito en ellos de diferentes maneras. Son seres a quienes admiro y sigo en sus pasos, a quienes estudio y analizo, empático, y de los que aprendo. No es idolatrar, es aprender y seguir.

Veo como en su dualidad habita la morada divina de la unidad y no es que no comentan errores (todos lo hacemos), pero no hay un fracaso. Eso pasa cuando no se intenta. Hay que **HACER** desde el **SER**.

Las cosas llegan, todas. Hay que esperar la cosecha. Todo tiene un periodo de gestación.

La auténtica libertad en las escalas infinitas de la sabiduría, un camino maravilloso (nada fácil, pero sí extraordinario) del que todos los seres somos parte.

¿Qué te amplifica?

Te lo preguntaré mucho y de muchas maneras. Anota todo lo que estimule todo en ti, lo que haga que seas mejor o saque lo peor. Es parte de lo dual. Te garantizo que con esto vas a descubrir cosas maravillosas.

La consciencia es energía, es lo que transforma nuestro mundo físico.

Grandes científicos, eruditos, sabios de la historia y modernos saben sobre esto, lo aplican, lo manejan, lo conocen. Saben de la energía en estado de pureza, saben de la transformación de la realidad desde el mundo de lo intangible, ese mundo donde lo dual pasa a ser uno.

«Si quieres encontrar los secretos del universo, piensa en términos de energía, frecuencia y vibración».

Nikola Tesla

En esa dualidad de las creencias y la pureza, lo relativo y absoluto, lo físico y cuántico o energético, alta vibra y baja vibra, en fin, en todo hay una dualidad hasta ver la unidad.

Siempre estamos bajo la expectativa de lo bueno o lo malo, a todo le queremos poner nombre o efecto dual y esto está bien. El propósito de este libro no es juzgar, es solventar de alguna forma cosas que están en nosotros y que impiden llegar al **bienestar, que es lo natural del SER**.

Llevo años estudiando y lo sigo haciendo, consultando, experimentando, investigando lo que es ciencia-energía-metafísica-naturaleza-humanidad-animalidad. He fallado en muchas ocasiones y soy responsable de eso, entendiendo que los principios siguen y que el fallo es de uno por no cumplir con las cosas como son, aceptarlas y seguir practicando.

«No fallan los principios, fallan las personas».

Lain García Calvo

La abundancia y la dualidad

Vemos a la abundancia como solo la prosperidad, pero es realmente el todo. Cuando hablamos de abundancia es todo lo que nos representa, lo que somos, lo que merecemos y no nos damos cuenta. Creencias quizás, pero es así.

En mis años de estudios y trabajo, que es mi *hobby*, cuestionaba muchas cosas. ¿Por qué la ley de atracción sirve a algunos y a otros no? ¿Por qué unos son más prósperos y les causa menos trabajo llegar a ese éxito financiero y a otros no? ¿Por qué tengo pacientes que se recuperan más rápido que otros o viven? Cuestionaba muchas cosas tomando en cuenta que aceptaba otras.

No entendía, no tenía que entender. Debía **aceptar**. No es suerte, es vibra. Acepté lo que dice Lain y, como él, muchos otros maestros que manejan la metafísica de manera extraordinaria: «No fallan los principios, fallan las personas». Hay muchas leyes simples del universo, pero no cumplimos y tenemos la desfachatez de culpar, incluso al mismo Dios.

Riqueza versus pobreza: una dualidad material.

¿Y la humildad para cuándo?

Hablamos tanto de riquezas y pobrezas, eso dual material que se enfrenta en todo momento, y entre esas líneas metafóricas metemos la humildad, muchas veces como símbolo de personas de escasos recursos.

«No puedes encontrarte a ti mismo en el pasado ni en el futuro. El único lugar en el que puedes encontrarte es en el ahora».

Eckhart Tolle

Jamás he entendido por qué se relaciona la humildad con la escasez, casi siempre relacionada con la economía. Es una creencia. Una persona que vive en una favela y no tiene o tiene pocos recursos es humilde. **Pues no**. O al menos para mí no es así.

En mi verdad relativa o en mi creencia sobre la humildad la veo como una virtud, **conocer las propias limitaciones y debilidades**, saber el valor que se tiene como una fortaleza interna, ser sutil en aceptar lo que uno es, origen y conocimiento. He visto y conocido a muchas personas, mentores millonarios, ser humildes; así como a personas arrogantes sin tener recursos económicos. O sea, volvemos a los amplificadores.

«Donde hay soberbia, allí habrá ignorancia; mas donde hay humildad habrá sabiduría».

Salomón

Tanto la riqueza como la pobreza, así como la humildad, son una perspectiva mental. Pueden verse como algo tangible, económico, claro que sí, pero es la forma en que lo veas. Está en la libertad de tu SER.

La economía, la prosperidad, es muy importante. No creo en esos que dicen que el dinero no lo es todo. Es parte de un todo, es parte de la abundancia. Es un recurso que se quiere satanizar y hay que aceptar que es energía. **El dinero es una energía maravillosa que amplifica lo que somos.**

Las retroalimentaciones

La **retroalimentación** es un proceso en el que un sistema responde a alguna acción. Todo lo que se da viene de vuelta. Cliché, sí, pero ¿lo has hecho consciente? Puedes verlo como el principio de causa y efecto, la ley del *boomerang*. Mucho nombres, mismo efecto.

Todo lo que damos nos será devuelto multiplicado. ¡Ah! Ahora sale la víctima de cada uno y dice: «Tanto que he dado y mira como estoy…». Eso es porque se da en espera, pienso. Siempre habrá un retorno, una retroalimentación de las cosas que damos. Sí, va a pasar que se va a recibir. Siempre se recibe, dependiendo de mayor o menor grado, por la emoción con la que se hacen las cosas. No es lo mismo dar con ganas, con la emoción de la alegría del compartir, o hacerlo por obligación y con disgusto.

En el mundo dual la mayoría de las veces la energía está dispersa, flechas en diferentes direcciones apuntando a una misma diana. Eso pasa por los autobloqueos, por lo incoherentes que podemos ser como adultos, disipando nuestro flujo energético. **Solo hay que ser coherentes, abrazar el poder energético que hay en nosotros**, volver al origen de SER natural, puro, y redireccionar en consciencia las flechas de la expansión energética.

Un gran maestro en el tema de dualidades, Jeffrey Allen, explica que, como adultos, nos instalamos en una rutina mundana de mantener nuestras vidas materiales y perdemos nuestro entusiasmo por la vida. Me parece interesante y comparto la visión del maestro Allen.

La vida está destinada a ser emocionante, atractiva, motivadora y divertida, llena de curiosidad y descubrimiento. Hay que disfrutarla y gozarla al máximo. Justo debajo de la superficie del mundo material hay un mundo de energía que es emocionante y enriquecedor, intangible pero transformador, un mundo de posibilidades.

«El hecho de sintonizar con la conciencia más elevada nos brinda una guía fantástica, pero también una sensación de paz y tranquilidad: que todo está sucediendo a la perfección, que hay un plan más grande que se está desarrollando de manera hermosa».

Jeffrey Allen

Las retroalimentaciones pueden ser negativas o positivas para darles una connotación de carga o de escala vibratoria de alta o baja resonancia; sin embargo eso trae, como siempre, un efecto.

Veámoslo desde otro punto algo más universal que individual. El dolor guardado por años, sufrimiento sumergido en el cuerpo energético, es una pequeña mancha que está allí y que no se transforma por tu apego a eso (no es consciente, puede ser debido a una creencia). Esto atrae a más personas o energías a vibrar con la misma carga: un mundo de dolor, de sufrir. Tú lo recibes y lo das. Es una literal retroalimentación negativa.

Como adultos prestamos más atención a lo negativo o de baja vibra que a lo positivo. Mira la televisión, los diarios. Toda o la gran mayoría de la información es referente a noticias negativas:

programas que informan sobre lo más obscuro de la humanidad, novelas abrazadas al sufrir entre más cosas que, generalmente, están en todos los medios. Una programación mental que atormente la pureza de la energía.

Recuerda que aquello a lo que le pongas atención crece. Hay que romper ese bucle.

«Cuando cambias la forma de ver las cosas, las cosas cambian la forma en que se ven».

Wayne Dyer

Lo positivo siempre está

La retroalimentación positiva se va a dar cuando se promueve el **cambio** como una respuesta a acciones que provocan alguna alteración en función de un desarrollo o evolución de uno y del prójimo. No se habla de excesos dado el balance energético, la armonía que es propia del individuo.

Cuando ves la maravilla, todo cambia.

Todos nacemos con un propósito, con una pureza del alma, llenos de energía, de calidez, con ganas y entusiasmo. Pura energía fluida. Nacemos llenos de dones y abundancia plena. No se conoce nada, excepto lo puro. Y claro que hay una **retroalimentación positiva**; es lo natural del SER.

Hay una experiencia en logros; no es el patrón del sufrimiento, es el esfuerzo por las cosas. La fluidez con el desapego a las creencias que limitan la expansión de la consciencia.

Tienes tu vibra elevada, es lo normal, es como vinimos a este plano. Atraes a otros con una vibra parecida y alta, contribuyendo con la energía del mundo, aparte de que elevas tu nivel intuitivo, sanando el dolor y el sufrir que puedas enfrentar.

Polos opuestos como complemento se van a atraer, pero hay una energía cautivante y atrayente, con lo que vibratoriamente es igual. En la dualidad existe el complemento, lo que atrae en ausencia, como un yin y yang a los que une una vibración similar.

La energía no vive sin la materia o la materia sin la energía. Son uno.

Todo se puede transformar.

El viaje: de lo interno a lo externo

¿Quién eres realmente?

No es algo metafórico, es el viaje de **auto-descubrimiento**. Es un viaje hacia el SER, lo interior. Es algo confuso, pero es redescubrir quién eres. Realmente, sabemos la respuesta de eso, pero por las creencias vamos opacando lo que realmente somos. El viaje comienza en la capa externa, tipo cebolla: se inicia en el cuerpo y va profundizando, cada vez más adentro, hasta que encuentres que no hay nada, solo el vacío. Solo estás tú.

El cuerpo está hecho de átomos, que son espacio vacío y vibrante. La física cuántica o moderna sostiene que las partículas solo existen cuando un observador está allí para observarlas. O sea, las partículas elementales no son reales. Entonces los átomos no son reales y el cuerpo, que parece sólido, es solo espacio vacío.

También se sabe por la neurociencia que el «yo», ese «yo» con el que te puedes identificar, es algo que es producto de la mente. El «yo» es quizás un pensamiento más.

El obispo George Berkeley, filósofo irlandés, sugería a que solo se conoce lo que se percibe, es decir, que **cada individuo es capaz de crear su realidad**.

Se podría decir que los colores, los sonidos, los gustos y los olores no existen. Nada externo existe como tal, sino que es una facultad de la mente, algo así como la película *The Matrix*.

El exterior, así como en el interior de todo, está lleno de radiaciones electromagnéticas de distintas longitudes de onda que están interactuando con receptores, produciendo potenciales eléctricos, potenciales de acción que están en nuestros sentidos.

Es muy posible que el cerebro sea el creador de ese «yo consciente», no lo sé. Habría que estudiar eso a fondo con especialistas en el tema; sin embargo, creo que ese «yo ilusorio» es una energía emergente de nuestro SER, esa energía vital que, junto con la energía universal, forma una serie de circuitos que están distribuidos por todos lados, interconectados entre sí.

«Quien mira hacia afuera duerme y quien mira hacia adentro despierta».

Carl Jung

Todo está en el despertar de la consciencia, en lo que somos, en eso que hemos opacado. Hay muchas formas de ver las realidades; son puntos de vista, son verdades relativas. En un hospital se puede ver una tristeza profunda por el fallecimiento de alguna persona y, en el otro pasillo, el júbilo por el nacimiento de otra.

Siempre vemos todo hacia afuera y poco o nada hacia adentro. Ese hospital somos nosotros, nuestro enfoque y la realidad que queremos observar en ese momento. Puedes pensar que lo que están manifestando mis líneas sea cuento. Ponlo en práctica y me dices.

Yo tenía la teoría, leía y leo mucho, me gusta… **Creo que la lectura, los libros, no solo tiene el poder de hacerte viajar. Tiene el poder de hacerte cambiar.** Los libros son el pasaporte a la libertad. La práctica de esa teoría hace la diferencia.

Nuestro «yo» es quizás creado por nuestra mente, sí, da igual; pero nuestro SER es nuestro guía. Es lo que hay que despertar nuevamente.

Somos seres maravillosos que por esos cambios de «realidades» nos hemos casado con lo externo, complicando a ese «yo ilusorio», encontrándonos con dramas injustificables que nos llevan a la agonía.

En el libro *Mentalidad millonaria*, de Pat Mesiti, hay una frase que me encanta: «Tú no elegiste nacer, pero sí es cuestión tuya elegir cómo vas a vivir».

Hay cosas que suenan encantadoras, pero he visto cómo gente (muchas personas a quienes admiro, amigos, familia, que han logrado muchas cosas) ha cambiado su vida poniendo en práctica el cambio de realidades.

Ahora dime: **¿quién eres?** Sin juzgar, sin golpes de pecho. Es una simple y profunda pregunta.

«Si no se permite a los niños ser ellos mismos, ¿cómo pueden ser felices? La felicidad surge en el momento en que eres auténtico».

Osho

Todos venimos a este mundo con la energía de la pureza: seres maravillosos, llenos de vida, de magia. **Somos** por encima de todo.

Redescubrirte es algo inefable, volver a tu despertar de consciencia. Es empezar a aceptarte tal cual eres. Solo eso… No hay máscaras, es tu «**yo**», tu verdadera realidad, tu autenticidad.

Quien sea que eres, te garantizo que eres armonía y belleza, un ser espléndido. Da igual lo que crean en el exterior; ellos que lleven sus caretas. Tú vive… Mira el maravilloso SER que eres y abrázate, gózate, agradécete.

Atracciones y creencias

Todo es una creencia, pero las leyes son leyes…

«Pedid y se os dará, buscad y hallaréis, llamad y se os abrirá. Porque cualquiera que pide recibe; y el que busca halla; y al que llama se le abrirá».

Mateo 7, 7-11

Vivimos en un mundo de creencias. Da igual en qué creas; todo parte de aprendizajes, pero hay algo innato, algo místico que está en todos los seres, una fuerza maravillosa que sabemos que existe, pero a muchos les da escozor hablar de eso. ¡Sí! Energía… Muy bien explicada en la metafísica.

La Biblia es el libro que más impacto ha tenido en el mundo, inspirado en el hombre más influyente en la historia de la humanidad. A mi modo de ver, es un libro de estudio, mágico y lleno de leyes naturales y de energía. Esto fuera de las creencias que se puedan tener sobre las religiones.

Sin embargo, en la mayoría de los textos antiguos y de diferentes culturas y credos se habla de lo mismo: el poder de la fe, el enfoque, la energía interna, el SER, los milagros…

Todo es una atracción

¿Te has preguntado por qué te pasa lo que te pasa, lo que sea? Yo sí. Bueno, me lo preguntaba desde el rol de víctima. De eso hablaremos más adelante. Ahora mismo trataremos **por qué atraigo o me pasa lo mismo**.

Desde hace un tiempo, para todo se requiere de evidencia. Como investigador no lo veo mal, saber si estas leyes o las cosas tienen alguna base científica. Pero también es cierto que hay muchas cosas en este universo que sabemos que existen, que están allí y que no hay explicación. Simplemente, son. En algún momento ya tendremos esa explicación que tanto se busca… ¿Para qué? No sé, pero se tendrá.

Viéndolo de una forma que quizás sea simplista, no hay ningún experimento científico que demuestre la existencia del poder de atracción como lo manifiesta esta maravillosa ley, que influye en todo a través de nuestros pensamientos y sentimientos. Sin embargo, sí existen diversos trabajos científicos que de alguna forma ratifican cómo la mente humana influye en el entorno.

Estos experimentos vienen, en gran medida, de la mano de la física cuántica, un área de la ciencia que se dedica a estudiar los *quantum*, nombre dado por paquetes de energía que componen la más pequeña parte de la materia.

Ahora bien, se puede decir que la física cuántica estudia la unidad mínima que compone todo: la energía.

Todo es energía

Es muy probable que cuando estudiamos en el cole viésemos un modelo de átomos con su núcleo sólido y electrones moviéndose en su órbita. Algo muy similar al sol y los planetas.

Copérnico, que fue matemático, astrónomo, jurista, físico, clérigo católico, gobernador, administrador, líder militar, diplomático y economista, entre otras cosas, manifestó su modelo heliocéntrico en su obra *De revolutionibus orbium caelestium*, que establecía la teoría actual de que la Tierra gira sobre su propio eje y alrededor del Sol. Acto seguido, por no tener «evidencias», ser teorías e ir en contra de ciertos dictámenes de la época, fue castigado.

Así podemos hablar de grandes maestros, grandes mentes, que sabían que existían cosas que estaban allí, leyes naturales que difícilmente puedan comprobarse, pero que existen. Algún día todo esto será evidente.

La materia no es sólida, es energía que se mantiene vibrando. Si lo vemos a nivel celular pasa lo mismo: muchas células componen un órgano, muchos órganos forman a un organismo… Así hasta formar un universo. **Todos somos parte de un todo**. ¡Qué increíble!

Hay algunos experimentos en física cuántica donde el investigador puede afectar de alguna forma a lo que él está observando. Está claro que esto es uno de los mayores misterios. Con la ley de atracción se pueden apreciar estos principios para aceptar más esta teoría…

Cuando fijamos nuestra atención en las cosas que son relevantes, a esto se le conoce como **ley de la percepción selectiva**. Y la clave es el enfoque: **a lo que le pongas atención eso crece**, lo atraes. ¡Puede ser! Simplemente estás cambiando todo usando el poder del enfoque, del deseo. Aquí empieza el cambio. Sí, es ir a por todo eso que deseas con actitud y, sobre todo, convicción.

También está el **principio de atribución**. Esto lo podemos encontrar como **la libertad de decidir**. Me parece genial, ya que es parte del libre albedrío; pero como nos gusta buscar explicaciones a todo, pues este principio va de acuerdo a las creencias que cada uno tenga y, claro, estas creencias van a establecer la manifestación física del deseo.

Por último, está **el poder de la intención o la profecía**, que influye de manera muy directa en la forma que tenemos a actuar, de modo que se cumplan los deseos de acuerdo a la creencia o expectativa que se tenga. Esta intención segmentada potencia esa intención de forma maravillosa. Como lo manifiesta Abraham Hicks, este proceso de segmentar la intención es para definir las características vibratorias en el tiempo actual. Es una forma de preparar el camino vibratorio, ir preparando el terreno de lo que se desea conseguir.

Este proceso del segmento te ayuda a centrarte menos en las cosas que sientes en el hoy y más en cómo quieres sentirlas. Esto sin dejar de vivir el presente, ayudándote a concentrarte en tus pensamientos más conscientes y a elegir la energía que emites. En otras palabras, el **segmento de la intencionalidad** se centra en el viaje emocional, ya que las emociones son el fertilizante de los deseos.

Siempre que establezcas tus intenciones sobre cómo quieres sentirte y cómo te gustaría que se desarrollara un segmento, será positivo o negativo. Todo depende de tus creencias. **Hay que permitir que la acción se inspire en la intención**.

Puedes empezar con cosas básicas. Por ejemplo, cuando te subas a tu auto, tomas la decisión de que vas disfrutar del viaje. Básico, ¡sí! Poderoso, ¡también!

Todo hay que ponerlo en práctica. Es reemplazar algunos hábitos viejos que no resultan por algunos nuevos que te hacen sentir bien. Esto no es que sea fácil, cambiar hábitos o creencias lleva su tiempo, pero hay que dar el primer paso y mantenerse. Se puede hacer más fácil si trabajas con estas preguntas: ¿cómo me quiero sentir? ¿Qué quiero tener y por qué? ¿Qué quiero hacer en este segmento? Son preguntas que te ayudan a fijar esa intención para luego segmentarla.

Todo lo que pase por tu mente con intención, emoción y acción se cumple. Es parte de tu ser y vinimos a este mundo, a este plano, a vivir la experiencia más fascinante del mundo. Quizás a recordarla, a completarla, no lo sé. Desconozco los trabajos del alma, pero estoy en el proceso de abrazarlos, los acepto y permito que me guíen. Todavía tengo creencias, muchas, así como las puedas tener tú; pero, créeme, estamos en el camino que es. **Sigue…**

«Todo lo que se puede imaginar es real».

Pablo Picasso

Puedes marcar tu intención al hacer una llamada telefónica y marcas la intención de que te harás entender y tendrás un gran mensaje de la otra persona o te resolverá determinada duda.

Y así vas en cada segmento de tu día a día, en tus decisiones. A mí me ha resultado de maravilla. Puede que en algún momento no resulte y allí es cuando me pregunto qué pasó. Y la respuesta llega… **Ponlo en práctica.**

Otra manera de verlo, por ejemplo, es pensando en cuál es tu meta. ¿Cuál es tu meta en la vida? Evitar esto o aquello. **La mayoría de las decisiones que se escuchan es sobre lo**

que NO se quiere. ¿Dónde está el enfoque? ¿A qué le estás prestando atención. Piénsalo sin juicios… Estamos llenos de cosas que no queremos. Hay que vaciar la taza.

«Un profesor universitario visitó al maestro zen Nan-in para preguntarle sobre la filosofía zen. Pero, en vez de escuchar al maestro, el visitante expuso una y otra vez sus propias ideas.

Tras escuchar durante un rato, Nan-in se dispuso a servir el té. Llenó una taza hasta el borde y prosiguió vertiendo. El té rebasó los bordes de la taza, llenó el platito y se derramó sobre los pantalones del hombre y por el suelo.

—¿No ve que la taza está llena? —explotó el profesor—. ¡No puede seguir llenándola!

—Exactamente —respondió Nan-in con calma—. Al igual que esta taza, usted está lleno de sus propias ideas y opiniones. ¿Cómo puedo explicarle la filosofía zen si no vacía su taza primero?».

Vaciar la taza significa hacer sitio a las grandes preguntas. Significa estar abiertos, reacondicionarnos para poder aceptar, de momento, el no saber. De ahí surgirá un conocimiento mayor.

La coherencia de lo que realmente somos

Desde que estudio a los animales me apasiona ver desde lo que **SON** en su pureza y lo absorben y dan en su energía. Eso pasaba en nosotros. Hoy lo puedes apreciar en los niños. Hablaremos de esto con detalle más adelante, pero es importante acotar la pureza que hay todos los seres.

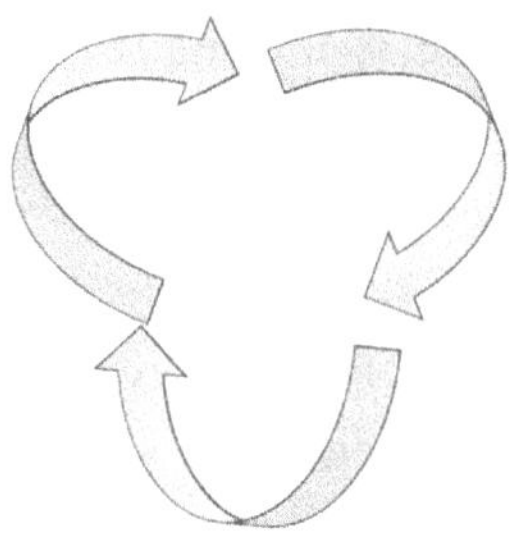

El bienestar es el estado natural de todos los seres. Todos los seres, en su estado de pureza, viven en coherencia del **pensamiento, sentimiento-emoción** (hormonas), **palabra** (otro lenguaje dependiendo de la especie) y **acción**. En ese estado de homeostasis está el equilibrio perfecto.

Todos somos ese equilibrio, todos somos puros, pero en el camino del crecimiento estructurado las líneas se corrompen. Y sí, lo digo desde la convicción. Ve quién eres y en lo que te has enfocado, en qué te has convertido poniendo como excusa que siempre fuiste así. Y no, siempre fuiste y eres puro, lleno de energía armónica y fluida, de pensamientos puros y de vivir el presente.

Cuando niño o niña vivías con la libertad y felicidad absolutas de tu ser; ahora la confianza es menor y esto es debido a experiencias que has vivido. Todos cambiamos de alguna forma por nuestros hábitos.

Hay que reír, jugar, ser nuevamente como niños, tener esa sensación de que todo va a estar bien, **aprender a vivir en el corazón**, sin preocupaciones por el sobrevivir. Es fácil, es simple. Solo hay que reconectarte al corazón, abrazar nuevamente a la madre tierra, al padre cosmos.

Hemos estado tan encargados de las preocupaciones y creencias que nos limitan que dejamos de disfrutar la coherencia de quienes somos realmente.

Hoy entramos a otro nivel de existencia aunque no quieras darte cuenta. Todo ha cambiado, ha evolucionado. **Todo lo que pienses y sientas en coherencia se va a hacer realidad**.

Hay que tener un sentido de responsabilidad en cuanto a lo que pensamos, decimos, sentimos, hacemos y expresamos (energía), porque ellos son y forman un proceso de creación. Lo que pensamos y sentimos va a crear nuestra realidad física. Hay que volver al hogar del corazón y permitir que todo suceda. Yo sé que tú sabes esto, que lo sientes… Es hora de ponerlo en práctica.

«La felicidad consiste en poner de acuerdo a los pensamientos, las palabras y los hechos».

Gandhi

Recuerdo que hace muchos años veía a personas que me hablaban de las maravillas de los caminos «espirituales», que todos los somos, que unos practican cosas más que otros. En fin, me hablaban sobre el poder alcanzar el nirvana, meditaciones, camino de la luz divina y tomar la mano del mismo Dios. Y al momento que te dabas la vuelta, ¡bum!, hacían todo lo contrario a lo que decían.

Muchos se hacen llamar los evolucionados, pero ¿desde dónde hacen el llamado? ¿Desde donde actúan?

No estoy juzgando, los estoy poniendo como ejemplo por el tema de la coherencia. **Todos, de alguna forma, hemos caído ahí. Ahora bien, el juego está en ser responsables y reconectarnos a nuestra fuente, nuestro nivel de congruencia**.

Aquí no se trata de culpas, sino de ser responsables y rectificar, de darse cuenta del nivel de compromiso hacia sí mismo… **Todo parte de la coherencia**.

Héctor García y Francesc Miralles, autores del libro *Ikigai: Los secretos de Japón para una vida larga y feliz*, cuentan que, según los japoneses, todos tenemos un *ikigai*, **todos tenemos un motivo para existir**. Me encanta eso de «motivo». Y es cierto, todos tenemos un propósito. Algunos lo han encontrado y son conscientes de ese *ikigai*, otros todavía lo están buscando, pero no hay lugar a dudas de que todos lo llevamos adentro.

Según los estudios y observaciones de los autores antes mencionados, el *ikigai* es uno de los secretos para una vida larga, joven y feliz como la que llevan los habitantes de Okinawa, la isla más longeva del mundo.

«La vida es simple, pero insistimos en hacerla complicada».

Confucio

En todas las culturas y tradiciones se habla o se enseñan métodos-técnicas para fluir con el propósito, ese *ikigai*, esa motivación vital que nos da la fuerza para levantarnos de la cama por las mañanas. Estos recursos son para darnos cuenta del poder que tenemos desde un nivel consciente. Es como una recalibración de nuestro GPS.

Hay muchísimas técnicas efectivas, desde el yoga, las meditaciones *hooponopono* o el *mindfullness*, entre otras. Da igual el método que te lleve al «autorredescubrimiento» y que te ayude a fluir; lo importante, a mi forma de verlo, es dar el primer paso hacia la congruencia y alojarte nuevamente en el corazón.

Si actúas sin una correspondencia equilibrada, se va a notar. Da igual lo externo; se va a notar en ti para ti mismo, se presenta un desbalance en tu armonía que puede llevarte a problemas de salud.

Todos tenemos nuestro momento de choque interno, hasta los más grandes y maravillosos maestros espirituales o como los quieras ver, pero ellos se dan cuenta de inmediato de lo que está pasando y así calibran su GPS.

Recuerdo uno de los cursos que hice. Me encantaba cómo fluía todo, la temática y la forma de dar las clases la profesora, algo de una manera sublime, sutil y mágica. Era un curso que, literalmente, te elevaba de una forma espectacular.

Un día, fuera de clase, vi a mi profe en un estado de incoherencia con las palabras antes sentidas en el curso. Sin juzgar me acerqué. La profe tenía otra actitud; ella estaba pasando por momentos difíciles y era entendible totalmente.

Pero el asunto no solo quedó allí, fue como una metamorfosis de lo sutil a lo ordinario: una cosa era lo que decía en el salón de clases y otra, de la puerta para afuera… No lo entendía; me quedé con lo aprendido en el salón. Es una maestra maravillosa dentro y fuera de clase, que me enseñó la dualidad y, a su vez, lo incongruente que uno puede llegar a ser.

Todo iba bien; sin embargo, ella quería tener el control de su curso, el dominio, el poder, y eso genera miedo, a su vez dudas y así va… Son cosas de humanos.

«No se trata en absoluto de practicar la meditación o de buscar la iluminación; se trata de mirar dentro de uno mismo, de ver dentro de nuestra propia naturaleza».

Hui Neng

Mantener la coherencia permite fluir con la energía desde la libertad del SER. No hay que retener nada. Es como una represa que busca retener el agua, pero ¿realmente lo está haciendo? ¿O el agua, desde su inmensa pureza, lo permite? Todos sabemos el poder del agua. ¿Hasta cuándo podrá aguantar la represa el cauce y el poder natural del agua?

Así son la energía y el cuerpo, el agua y la represa. Nuestro cuerpo tiene la energía, mas no el deber de retener. **La fluidez parte de la coherencia de lo que somos, de nuestra propia naturaleza.**

La homeoſtasis del ser

Homeostasis en un término médico y biológico sobre los fenómenos de autorregulación de los organismos, manteniendo la estabilidad de los cambios internos y externos, regulando así el intercambio de la materia con la energía metabólica y, ¡sí!, también la energía expresada en nuestros canales o vórtices.

Cuando estudiaba medicina veterinaria empecé a ver y aprender sobre este término. Veía la maravilla del sistema orgánico, de toda la maquinaria perfecta que hay en todos los seres. Me encantó este término y lo que significa no solo de forma clínica, sino lo que es la homeostasis en el SER.

«Los cambios en el entorno provocan reacciones en el sistema abierto que es el ser vivo o lo afectan directamente, con lo que se producen alteraciones del sistema. Estas alteraciones se mantienen dentro de unos márgenes estrechos, ya que se ponen en acción ajustes automáticos dentro del propio sistema, con lo que se evitan oscilaciones importantes y las condiciones internas se mantienen prácticamente constantes».

Walter Cannon

La fusión de la ciencia y el misticismo de la energía siempre me apasionaron y al encontrar el equilibrio ente ambos mundos aprecias cada lado aún más.

Desde hace algún tiempo se habla sobre el SER, sobre la importancia de quién eres realmente. Ese es el principio del autodescubrimiento: el **yo soy**.

En un determinado tiempo, por alguna creencia (ya no importa quién la comenzó o por qué), se veía en pleno que si no tenías profesión o «hacías algo importante» no eras nadie en la vida y jamás tendrías nada. El resultado fueron golpes de pecho y frustraciones, entre más cosas que ya sabes y por las que quizás pasaste. A mí me pasó…

Esta creencia creó un cambio en la homeostasis del SER, rompiendo ese equilibrio. Ahora, en este capítulo, incorporamos otro término médico o biológico que me encanta, la ósmosis.

Ósmosis es una difusión simple (o sea, una transmisión sin gasto de energía) de los líquidos en el organismo por medio de una membrana. Ahora bien, tomando estos conceptos, **cuando se rompen la homeostasis y la ósmosis es porque está pasando algo discordante en el organismo**.

«El campo cuántico no responde a lo que queremos, responde a lo que somos».

Joe Dispenza

Somos por encima de todo. Esa es la realidad, no es porque lo diga yo: que **tú eres alguien** ya desde que existió el chispazo de la vida entre el óvulo y el espermatozoide. Ya ahí **eres**.

Eres la maravilla del universo, eres un ser con una maquinaria perfecta donde trabajan las mejores ingenierías del mundo en un solo organismo. Todos los seres somos un milagro de la creación.

Partiendo de ese principio osmótico y homeostático del SER, **el equilibrio, que es parte de nosotros, es la armonía de nuestro SER en su máxima expresión**. Luego HACES lo que quieras desde el propósito y TIENES en la abundancia de tu vibración. Hay que fluir.

Si no hay coherencia en ti, no esperes resultados armónicos. Todo es un reflejo y la vida, en su naturaleza hermosa y sabia, buscará la forma de enseñártelo.

Date cuenta del detalle

Sin juzgar, veamos a los falsos profetas (o esa es mi forma de verlo), seres que hablan sin predicar con el ejemplo, personas que quieren arreglar la vida de los demás, pero la propia es un desastre. No lo hacen por mal; es un patrón que aprendieron y se repite. Por eso les digo falsos profetas…

Para mí, un profeta es el que está en coherencia consigo mismo y fluye. Eso no significa que no cometa errores, sino que, a pesar de su equivocación, tenga la humildad, la voluntad y la actitud de cambiar las cosas desde la aceptación y la responsabilidad. Así se hace para regresar al cauce del SER.

«El hombre bueno del buen tesoro de su corazón saca lo bueno;
y el hombre malo del mal tesoro de su corazón saca lo malo;
porque de la abundancia del corazón habla la boca».

Lucas 6, 45

Nuestro corazón es puro, nuestra energía es equilibrada y fluida. Darte cuenta de ese detalle hace la diferencia. Cuando pienses y quieras hacer algo o decirlo, pregúntate desde dónde lo dices, siéntelo antes de expresarlo. Es mantener de alguna forma la atención a ser coherente hasta que se vuelva nuevamente un hábito.

Qué importante es ser y vivir en congruencia para nuestro equilibrio físico y energético, que es lo natural de nuestro ser, aunque acepto el hecho de que vinimos a este plano con el fin de vivir experiencias. Esto es parte de nuestro aprendizaje en este viaje, hacer las cosas desde el ejemplo, tratar a todos como nos gustaría ser tratados y vivir las bondades de nuestro planeta.

Cuidado con los falsos profetas. Quizás estamos tentados de ser parte de uno de ellos o, de alguna forma, hemos sucumbido a hacerlo. Sin juzgar, sin golpes de pecho, la idea es darnos cuenta y volver a la homeostasis del SER.

¡Total! Vivimos para aprender… ¡Ah! Y enseñar. Es parte del ciclo natural.

Desde la gratitud empieza la alineación

La gratitud es sin duda una de las sensaciones más extraordinarias que hay. Sentir esa gratitud rompe de inmediato cualquier represa que bloquee el flujo de energía y te conecta a la bendición. Es para mí la puerta más grande que tenemos rumbo a recuperar el bienestar y la armonía.

Hace unos cuantos años, allá por 2012, llegó a mis manos un libro. Las personas cercanas a mí saben que me gusta leerlos y estudiarlos. Al principio no le presté mucha atención, pues estaba leyendo otros y, de verdad, no resonaba con él. Sin embargo, agradecí el gesto, lo guardé y listo.

Todos pasamos por procesos, unos agradables, otros que no deseas que nadie pase por ellos. Aunque sean experiencias, no quieres que nadie las viva. Y uno, por más que estudia y se forma en estrategias de desarrollo personal, comete errores. Es humano sentir frustraciones y más.

En fin, golpeé la mesa sin querer mientras gritaba a los cuatro vientos una buena grosería (me golpeé el dedo pequeño del pie, así que puedes saber lo que es eso), aparte de asumir el rol de víctima. Pues bueno, la cosa es que en ese ínterin se cayó el libro.

«Tal vez la gratitud no sea la virtud más importante, pero sí es la madre de todas las demás».

Marco Tulio Cicerón

Mi mente de inmediato dejó la autoflagelación y se ubicó en el presente. No había dolor ni rumia mental. Solo quedamos ese libro y yo. Pensé que algo que necesitaba estaba allí. Las estrategias para elevar la vibra agarraron fuerza para salir de ese momento. Eso es, solo un momento.

Rhonda Byrne y su libro *La Magia* llegaron a mi vida para hacerme recordar el poder de la gratitud. Hoy es uno de los libros que viaja conmigo a todos lados. La gratitud es la llave que tiene la capacidad de abrir cualquier puerta.

Inmediatamente apliqué los ejercicios de la gratitud. Memoricé el Evangelio de San Mateo: «A quienquiera que tenga se le dará más y tendrá en abundancia. A quienquiera que no tenga, incluso lo que tenga le será arrebatado». Todo hasta que se hiciera parte de mí, en forma consciente, agradecer.

Todo cambia desde el momento en que agradeces, por lo que sea. Aunque creas que es por algo mínimo, da gracias.

«Si eres agradecido con lo que tienes, generarás más. En cambio,
si te concentras en lo que no, jamás tendrás lo suficiente».

Oprah Winfrey

¡Ah, por cierto! Lo que me había pasado a los pocos días se evaporó. Todo mejoró de manera impresionante.

La gratitud está manifestada en todos los textos antiguos, es como el abracadabra. Todos los libros hablan del poder de la gratitud.

Estudiando las energías de las personas y animales veía cómo cambia el semblante. Cuando se agradece, cambia la vibra de forma maravillosa. Desde la gratitud se siente la paz.

Trabajando en la clínica veterinaria, cuando estás de ejercicio, ves de todo, literalmente. A veces debes ayudar a las personas y a sus «tutoreados» (animales) tomando decisiones que son sumamente difíciles para todos, como lo es la eutanasia. En la gran mayoría de las veces dejan esas decisiones a los veterinarios para librar de culpa al tutor. Se entiende.

Los animales perciben lo que va a pasar, lo sienten. Nosotros también, pero ellos no tienen barreras como el tabú. O sea, están sin filtro. En fin, saben a lo que van… Ya no hay nada humanamente posiblemente por hacer, salvo ayudar de manera química a la partida de ese amado SER.

Quizás lo humano tenga límite, pero la energía… Eso es otro asunto.

Ya entendía la belleza y la magia de la energía, lo que se podía hacer. Recordaba los rituales que empleaban chamanes en algunas culturas en el momento de despedir a sus seres del plano terrenal y los incorporé a mi clínica, no solo para los momentos difíciles, aunque en esos casos se evidencian más por el contraste tan marcado.

El hecho es que hago ese ritual donde se agradece al SER del paciente por todo lo brindado, por su amor, por su maestría en el arte del vivir, por dar lo mejor de sí para la familia. Simplemente, se agradece… No va a quitar la tristeza del momento, pero todo cambia, se sienta todo en serenidad aun cuando se está pasando por un momento tan difícil. La energía se transforma. En muchas ocasiones ni se llega a colocar la inyección. La energía se encarga de todo.

En la gratitud se encuentra el desapego

Si bien es cierto que todos esperamos resultados, o el mejor resultado posible, también lo es el apego a ese resultado. Cuando eso no se da dejamos de creer. Es un patrón muy humano.

«Cuando estás agradecido, el miedo desaparece y aparece la abundancia».

Tony Robbins

En la gratitud no hay apegos al resultado, sientes. Es la convicción actuando desde la serenidad de que aceptas eso que tienes o que quieres tener, pero desde las gracias por su existencia.

Todo se puede hacer más ameno desde el sentimiento de la gratitud. Se encuentran soluciones más rápidas, encuentras personas que no sabes por qué te ayudan, pero lo hacen de forma desinteresada y con ganas de dar lo mejor de sí mismas para ayudarte. Todo eso pasa para ti, es la magia de la gratitud, de la alineación.

Una cosa es agradecer y otra es adular. En las gracias no hay interés o forma de exagerar algo a cambio de un favor.

Hace un tiempo volaba de Santiago de Chile a Valencia (España). Nos mudábamos mi familia y yo. Teníamos planes laborales. Habíamos planificado todo desde hacía un par de meses, todo fluía, los pasajes se encontraron rápido, todos los trámites se resolvieron de forma muy rápida. Tomando en cuenta algunas trabas, pero se resolvía de una forma maravillosa. Todo indicaba que íbamos excelentes, en gratitud todo el tiempo.

Salimos de Santiago llenos de gratitud por lo vivido en ese noble país, que no abrió las puertas y su corazón. Fue un 16 de marzo del año 2020. El vuelo hacía escala en Barcelona. Al llegar a donde hacíamos escala se cerraron los vuelos. Coronavirus, alerta roja, pandemia.

«Si la única oración que dijiste en toda tu vida fue "gracias", eso sería suficiente».

Meister Eckhart

Claro que entramos en modo susto; sin embargo, manteníamos la calma. Mi hija, de ocho años, me dijo: «Tremenda aventura, papi». Entre las risas, el susto me abrazaba. No sabía qué hacer… A todas las personas a las que acudíamos nos rebotaban de un lado a otro, la misma respuesta: no hay vuelos, todo cerrado, pandemia.

Pues entre toda esa carga emocional agradecimos que estábamos en España y empezamos a dar gracias por estar con salud los tres. Y así fuimos en **acción**, íbamos resolviendo.

Mi esposa, con su maravilloso ímpetu, encontró a un «alguien» que nos montó en un vuelo a Madrid. El 18 de marzo estábamos en Valencia.

Puede ser algo somero, pero el resultado fue excelente y en gratitud por todo lo que pasó. ¡Ah! No teníamos donde estar en Barcelona y fuimos uno de los últimos vuelos de Madrid a Valencia.

El resultado sin el apego y lleno de gratitud te permite estar en serenidad. No hay control; sabes que desde lo que eres está todo el poder.

Recuerda la sensación de gratitud que has tenido y todo lo que ha llegado a tu vida gracias a esa vibra.

La gratitud es una ley universal

«Cuando contemplo el sistema solar, veo que la Tierra se encuentra a la distancia exacta del Sol para recibir la dosis adecuada de calor y luz. Esto no ha sucedido por casualidad».

Isaac Newton

La energía de gratitud actúa de forma misteriosa, es parte de las leyes del universo. Según la ley de la atracción, lo semejante atrae a lo semejante. Si aplicamos esta ley de forma consciente, va a actuar a través de tus pensamientos y sentimientos, que son energía, y por lo tanto atraerás todo lo que piensas y sientes. Es el enfoque.

Teniendo la premisa de la ley de atracción, pues sí, hay que agradecer todo y por todo. Aun cuando creas que es una locura, hay que hacerlo. Vale la pena… Empieza a practicarlo y mira los resultados.

El libro de Vishen Lakiani *El código de las mentes extraordinarias* habla en uno de sus capítulos de cómo nuestras creencias pueden influir en la realidad de otros. Pues a través de la gratitud puedes cambiar esa realidad.

Con un solo gesto de gratitud puedes cambiar el mundo de una persona. Imagina si lo aplicas todos los días. Cambiarías millones de vidas.

Todos tenemos algo por lo que agradecer

Lain García, en su extraordinario libro *La voz de tu alma*, que es uno de mis libros de cabecera, expresa que «la gratitud por lo que uno ha recibido es la mejor seguridad para que la abundancia continúe».

Hay muchos libros, personas y autores muy influyentes en todas las culturas, grandes empresarios exitosos que hablan de la magia de la gratitud y su poder. Profetas como Mahoma, el rey David, Krishna, Buda, nativos de todas las etnias, científicos como Einstein o Newton, Gandhi, la Madre Teresa, el dalái lama, Leonardo da Vinci, Platón, Shakespeare y más. Todos abren la puerta de la gratitud en todas sus acciones.

Por más difícil que sea lo que estés viviendo, siempre hay algo, así creas que sea mínimo, por lo que dar gracias. No importa si sueno repetitivo con esto; lo **importante** es que lo hagas para ti, elevar y alinear esa maravillosa energía.

Todos pasamos por momentos difíciles, algunos más que otros; transitamos por cosas que ni las deseas hablar, que quieres borrarlas de los archivos de la mente. Hasta en esos momentos hay algo o alguien por lo que agradecer. Es ese pequeño brillo que alumbra la oscuridad.

Te garantizo que todo cambia. Me pasó y me sigue pasando. Incluso agradecer antes de que ese sueño se manifieste ayuda. La gratitud trae abundancia. Mientras más agradecimiento sientas, más cosas por las que agradecer llegan a ti.

El error más común es dar las cosas por sentadas. Lo hacemos todos, la mayoría, sin darles la importancia que merecen.

Leyendo algunos libros, desde la Biblia a libros actualizados de medicina (soy médico veterinario y me gusta la investigación y estar al día), damos por sentadas muchas cosas. No digo que no se cumplan. Esto puede sonar algo contradictorio, pero no lo es.

Antes de obrar cualquier acto o milagro, Jesús daba las gracias.

«Y tomó los siete panes y los peces y, después de dar gracias, los partió y empezó a darlos a los discípulos, y los discípulos a las multitudes».

Mateo 15, 36

Se trata de la convicción pura de la gratitud o de la fe, como prefieras verlo. No hay entrada a la duda sin apego al resultado, ya que todo es como debe ser.

«Cuando te des cuenta de que nada te falta, el mundo entero te pertenecerá».

Lao-Tse

No es un tema de religión. Siempre que se habla de estos temas se relaciona con cultos, sectas, religiones, entre otras cosas. Se trata del poder de la gratitud, de las leyes universales y de lo que como humanos podemos llegar a hacer por nosotros mismos en este maravilloso plano lleno de experiencias.

Cuando te invade la gratitud sientes que todo va a resultar de la mejor manera. O sea, que afecta al resultado, se transforma la energía.

Nosotros, desde nuestra lógica, queremos apegarnos al resultado. Es una creencia que quizás hasta está limitada, puede incluso hasta doler algo que no sale como esperas; sin embargo, hay que hacer todo lo mejor posible en el desapego del resultado.

Y si cuando hablamos de apego al resultado estamos hablando de forzarlo (algo así como: «Dios, que se haga tu voluntad, pero como yo quiero»), eso puede traer la supremacía del ego y cuando no sucede lo esperado caemos en un rotundo desespero. Eso me ha pasado, lo he vivido y he tenido la dicha de tener a personas que me han ayudado sin ayudarme… Es parte de la gratitud.

Escribe en las mañanas todo lo que tienes por agradecer, léelo. En las noches recuerda las cosas por las cuales das gracias. Verás milagros…

«Sé agradecido por lo que ya tienes mientras persigues tus objetivos. Si no estás agradecido por lo que ya tienes, ¿qué te hace pensar que serías feliz con más?».

Roy T. Bennett

La pureza del ser

Todos somos puros, somos seres maravillosos, somos una maquinaria extraordinaria. Nacemos puros, también morimos puros, pero **nuestra calidad de vida depende de nuestra creencia**.

Lo sublime está en todos los seres. Mira lo que transmite un bebé, un cachorro, una semilla germinando. Somos lo mismo. **Nadie es más o menos que nadie; en nuestro ser todos somos iguales**.

Somos vulnerables ante la cercanía de un bebé, un ángel acaba de llegar. Da lo mismo que quieras tener hijos, que tengas una creencia sobre los niños, cada quien es libre. Sin embargo, esa energía de pureza, inocencia, amor y vulnerabilidad te envuelve.

«La pureza no se puede perder nunca cuando uno la lleva dentro de verdad».

Camarón de la Isla

Mi infancia transcurrió rodeada de animales, afortunadamente. Con ellos aprendí cosas que en ese momento no sabía que de adulto podría apreciar y a la vez añorar de aquellos momentos, con la alegría y la gracia de haberlo vivido. Un padre de crianza y un tío veterinario me inculcaron no solo el respeto por la naturaleza o la pasión por la medicina veterinaria. Ellos veían algo más allá y tuve la dicha que me lo inculcaran. Aprendí de animales, de energía y del valor de la naturaleza. Este libro es sobre eso, es colaborar de una forma fácil sobre todo lo que puedes dar para ti y para todos en este plano, en este maravilloso presente llamado **vida**.

En ningún momento pretendo que veas la vida como yo la veo. Solo es dar otro punto de vista, que puedas no solo ver un poder que tienes, sino tomar la responsabilidad que tenemos **todos** para con nosotros y con el resto de los seres con quienes compartimos este mundo.

«Solo se ve con el corazón. Lo esencial es invisible a los ojos».
Ismael Cala

Todos los seres entendemos de la pureza, sabemos lo que es el amor, incluso la energía. Cuando tocamos estos temas sobre la energía nos ponen de cabeza. Queremos entenderlo todo…

Especie evolucionada o la domesticación del ser

De alguna manera hemos sido, como especie *Homo sapiens*, los «más evolucionados»: de cavernas pasamos a casas; de rocas, a ordenadores. Sí, hemos evolucionado, hemos recorrido mares y océanos, llegando como especie a hasta la luna. Se han descubierto tantas cosas maravillosas… Y las que faltan por descubrir.

Los animales también han evolucionado, es parte de lo natural de las especies. Quizás no es tan evidente como en la especie humana, pero sí lo han hecho.

Dentro de los cambios evolutivos también se encuentra el mantenimiento del SER; sin embargo, en el humano eso ha cambiado. Aun cuando la pureza de la energía se mantiene, las creencias la limitan, cosa que no pasa en los animales. Ellos no buscan en lo externo, solo «aceptan» lo que son… Me explico: un león no se cree águila, solo es y punto. El humano busca la domesticación del SER.

«Los instintos naturales se pierden en estado doméstico».

Charles Darwin

Hay maravillas en todos los seres que compartimos este mundo. El avance es algo maravilloso y eso se agradece. El punto es hasta dónde evolucionamos como especie, qué nos amplifica esta evolución. En realidad, a dónde nos lleva sin tomar en cuenta lo externo.

Hay tanto progreso de nuestra especie que hoy, en pleno siglo XXI, buscamos cosas que están en nosotros mismos para reencontrarnos con el fundamento de nuestro SER. Esto no es una crítica, yo estoy en eso también. Es hacer consciente lo que quizás no queremos ver. **Podemos cambiar la realidad, podemos volver a lo natural del SER.**

En una oportunidad, estudiando (me gusta aprender), vi a Vishen Lakhiani de Mindvalley dando una de sus clases magistrales. Él trae a colación un cuento entre el fundador de Facebook y el de Apple:

«Steve Jobs le recomendó visitar un templo en la India que él mismo había visitado unas décadas antes como una forma de

meditar sobre el futuro que Facebook debía tomar. Según el propio Zuckerberg, él siguió la instrucción de Jobs y, después de un viaje de un mes completo a la India, tuvo una visión más clara sobre los planes de Facebook y su rol en el mundo para los siguientes diez años».

Así como ese relato, muchos de los grandes empresarios, magnates, millonarios, personas influyentes de todas las áreas de la vida o como los quieras ver desean el autodescubrimiento.

No es cultura o religión; todos estamos en la búsqueda de nuestro SER, que a su vez nos lleva al propósito y a compartir eso que está en nosotros, que sabemos que está aunque no queramos hacerlo consciente. **Todos tenemos un propósito y cada uno tiene su proceso.**

Queremos domesticar nuestra energía, pero es libre, no cree en ataduras, mientras que la mente sí: las creencias.

Mi práctica con los animales me ha hecho aceptar una cantidad de cosas maravillosas que debemos aprender de ellos, de la naturaleza en general, del comportamiento de la energía interna. Es más que ser algo de desarrollo personal para ser una evolución colectiva. Así trabaja la energía, es sinergia.

«Permanece tranquilo, sereno, siempre al mando de ti mismo. Encontrarás entonces lo fácil que es llevarse bien».

Paramahansa Yogananda

Siempre vi a los animales, a la naturaleza, desde otro enfoque. Como he comentado, vengo de una familia que estaba metida en

el medio veterinario y de metafísica, medicinas naturales y más…
Claro, puede ser un aprendizaje adquirido. Sin embargo, hay algo
muy importante y que agradezco de mis padres: darme la oportuni-
dad de discernir. Jamás me forzaron a nada. Bueno, sí, ¡a investigar!
Me motivaron a seguir siendo curioso y a siempre prepararme más.
No por títulos o reconocimientos, sino por aprender.

Trabajo en la clínica veterinaria desde muy joven. Desde niño,
no como un trabajo, ayudaba a todos los trabajadores, limpiaba las
jaulas, ayudaba en las consultas (cuando podía), ayudaba a curar
heridas y hasta me quedaba con los hospitalizados, dándoles ca-
riño, sin importarme que tanta caca me podía caer. Solo quería
ayudarlos… Era como si los entendiera.

Aprendí a ver a la naturaleza desde otra forma, veía a la energía.
Veía, veo, a todos los seres como una unidad energética. Cuando
estudié acupuntura meditada, *ayurveda*, me di cuenta de que somos
un campo de energía, pura fuente de electromagnetismo, llenos
de canales, chakras, vórtices. **Somos más de lo que vemos**.

*«Cada momento que no sigues tu guía interna sientes pérdida de
energía, pérdida de poder, una sensación de pérdida espiritual»*.

Shakti Gawain

Hay más allá de lo que se ve

Volviendo a la energía y a los animales, puedes apreciarlo
tú mismo. Te invito a quitarte (si las tienes) las caretas de las
creencias por un solo segundo, convertirte en un observador de

la energía de la naturaleza desde la profunda simpleza y permitir que te envuelva su magia.

Cuando acepté eso entendí por qué todas (sí, todas) las culturas antiguas y llenas de esa extraordinaria sabiduría que nos siguen transmitiendo se rinden ante la energía que transmite la naturaleza, su espíritu.

«Produce una inmensa tristeza pensar que la naturaleza habla mientras el género humano no la escucha».

Víctor Hugo

La energía interna circula por canales, meridianos o chakras. Es como una autopista de energía que recorre a todos los organismos. Cada una de esas vías lleva un patrón que rige a un órgano, víscera, emoción… Cuando uno de esos cauces es bloqueado o alterado empiezan los problemas.

Todo es un estado de armonía. Si ese equilibrio se rompe hay una manifestación muy marcada por el desequilibrio. El cuerpo tiene que expresarlo de alguna manera; por eso la coherencia de la mente, el cuerpo y la energía es importante.

En la medicina tradicional china (realmente, en todas las medicinas antiguas) se considera que el hombre (microcosmos) es un reflejo del universo (macrocosmos). El hombre, el ser vivo, está entre el cielo y la tierra, respondiendo a las mismas leyes que se manifiestan ante los cambios de la naturaleza. Se aplica el funcionamiento al organismo. El organismo es una unidad en la que cualquier función u órgano está relacionado con otro, por lo que existe una relación directa entre lo que sucede en la naturaleza y lo que le sucede al hombre y viceversa.

«La vida del hombre está dada por la naturaleza; cuando la energía del cielo y de la tierra se conjuga, aparece la energía vital. Al nacer, el hombre dispone de una estructura corporal y no puede separarse de los cambios del yin y el yang. La conjugación de la energía yin y yang del cielo y de la tierra reviste formas diferentes: en la tierra se divide en nueve regiones; en el clima se divide en las cuatro estaciones; en la luna se manifiesta en que está llena o nueva y desaparece por completo y hay días tanto cortos como largos. Estas son las manifestaciones del crecimiento y consumo del yin y el yang. Los cambios de las cosas que existen entre el cielo y la tierra son innumerables, mientras que el hombre y la naturaleza están relacionados estrechamente. Al observar los cambios, por pequeños o sutiles que sean, el hombre puede diferenciarlos en exceso o deficiencia».

Bao Ming Quan Xing Lun (Neijing)

«La vida es una serie de cambios naturales y espontáneos. No te resistas a ellos (solo crea dolor). Deja que la realidad sea la realidad».

Lao-Tse

Ayurveda, de acuerdo a algunos escritos, dice ser la ciencia más antigua y conocida de la asistencia sanitaria en el mundo, llamada la «madre de toda curación». Se originó hace 5.000 años aproximadamente y entiende también al hombre y a la naturaleza como uno. Por eso comenté que todas las técnicas o métodos de medicinas naturales tienen el mismo principio de la unión del todo. Micro y macrocosmos, hombre-naturaleza.

En la *ayurveda* o medicina de la autocomprensión se ve al individuo como en una naturaleza única o una constitución para así entender la interacción con el entorno. Hay autores, médicos muy respetados a quienes admiro, como los doctores Deepak Chopra y Andrew Weil, quienes con sus libros han ayudado a difundir la importancia de nuestro SER y del entorno, así como lo manifiesta este método antiguo de sanidad.

Todos tenemos un equilibrio diferente de la energía. La salud es el resultado final y natural de la vida en armonía con la propia constitución y esa constitución es el equilibrio de las energías dentro de nuestros cuerpos, nuestras mentes y emociones, la coherencia.

Este balance único de la energía determina todo, incluso la predisposición a presentar ciertos problemas de salud. **El bienestar es lo natural del SER**.

De hecho, nuestro equilibrio energético define lo que atraemos o repelemos naturalmente, poniendo de manifiesto que el camino hacia una salud óptima es diferente. Esto no solo se aplica a la salud, sino a todo lo que está en nuestra vida.

«Para cambiar, una persona debe encarar el dragón de sus apetitos con otro dragón, la energía vital del alma».

Rumi

Podemos tener en cuenta que la salud, que en latín es *salus* por la diosa de la salud y la fortuna, se refiere al estado de bienestar, de equilibrio, en el ser vivo. Aunque está asociada a la medicina, se refiere al estado general del individuo. Es importante saber eso, ya que debemos ser conscientes de los procesos en los que vivimos que se puedan alterar. Es la coherencia de lo que **somos**.

En los animales pasa exactamente igual; sin embargo, su pureza es tan fascinante que ellos expresan como un espejo lo que somos, en emoción, sus hermanos mayores.

Los animales son una proyección de lo que sentimos, de lo que somos. La naturaleza, en este caso los animales, tiene factores dañinos que pueden alterar su estado natural, su vida (silvestre, cautivos), aparte del deterioro que hacemos los hombres con el medio ambiente. **Todos los seres tenemos el poder de volver a nuestro estado natural**.

La energía es pura. Ellos, los animales, simplemente la liberan. No es que no enfermen o exista un desequilibrio energético, es que ellos no se quedan con emociones que se puedan convertir en tóxicas y que generen un estado vibratorio negativo. Simplemente, sueltan. Es la diferencia como especie entre el estado evolutivo de ellos y nosotros. Pura vibración.

Por tales motivos, lo animales son una extensión de lo que somos, una proyección de lo que albergamos o lo que más abunda. O sea, un amplificador de la emoción actual. Por eso el dicho: **«Los animales se parecen a sus dueños»**.

Recuerdo que hace años, cuando empecé a hacer interpretaciones de los procesos que viven las personas a través de los animales y sus patologías, me pasaron cosas con las que podría escribir cientos de libros.

Al principio nadie te cree, es normal, pero cuando se rompe ese paradigma quedan perplejos. Te dicen: «**¡Guau! Mi perro tiene lo mismo que yo…**».

Así empezó todo, al tiempo de trabajar y ver la igualdad energética y cómo influye nuestra energía en los animales. Fue mi **eureka**.

La resonancia energética es tan maravillosa que cumple los patrones de igualdad o antagónicos de vibración para complementar a los de tutor (como me gusta llamar a los propietarios). Aunque, por regla general, se basan más en la igualdad.

De mis tantos casos, una vez me llegó una perrita (me reservo el nombre del animal y del tutor por respeto) presentando problemas hepáticos. El paciente venía remitido de otra clínica. No es que estuviera mal diagnosticado ni mucho menos; es que alopáticamente ya todos los recursos se habían usado y, antes de tomar la decisión de la eutanasia, optaron por las terapias naturales (eso nos pasa a todos los que trabajamos con medicinas complementarias).

Empieza mi anamnesis (hacer muchas preguntas puntuales para recabar información y darle un toque chic que sea médico) para ver qué técnica, medicamento natural y forma terapéutica usar, ya que yo respeto la individualización de los pacientes. Para mí todos los pacientes son únicos y diferentes por más que tengan lo mismo.

El paciente canino mejoraba, pero había algo más, algo que callaban. Empecé a trabajar más a fondo y la persona estaba pasando por un momento muy difícil. Estaba iracunda, hostil, llena de rencor. Entendí y sentí inmediatamente lo que pasaba.

En las medicinas antiguas todo está relacionado y en este caso la relación órgano-emoción **del hígado-ira** es el resultado de la expresión o manifestación patológica. Cartas en el asunto. **Un buen diagnóstico asegura un buen tratamiento.**

Comenzamos, literalmente, a hacer un trabajo en equipo, holístico. Desde la gratitud empezamos a trabajar la liberación de las emociones del tutor. La perrita tampoco era un manjar, pero mejoró muchísimo su comportamiento... La tutora se sentía excelente, la paciente canina mejoró en su calidad de vida. Los valores se mantenían un poco más altos de lo normal, pero vivió muchos años más. No se aplicó la eutanasia.

«Cuando el hombre se apiade de todas las criaturas vivientes, solo entonces será noble».

Buda

Hay muchos casos parecidos y con todas las patologías, desde cosas simples hasta las más complejas. Hablamos de personas que presentan desde artritis hasta cáncer y los animales por lo mismo. Esto no pasa solo con los perros, hablo de todas las especies que tengan una **relación directa** y nexos emocionales con su tutor. Es energía...

Estos temas generan escozor, molestias y quizás incredulidad, pero lo veo a diario, es mi consulta diaria, y personas que no creen en nada terminan asumiendo la responsabilidad de lo que pasa. No es culpa de las cosas, es ser responsables de que somos parte de un todo y las realidades pueden verse afectadas. **Cuando se asume la responsabilidad pasan cosas maravillosas.**

Hay un antiguo proverbio chino que dice: «El leve aleteo de las alas de una mariposa se puede sentir al otro lado del mundo». Puede ser una visión holística, asociando que todos los acontecimientos pueden estar relacionados y pueden transcender entre unos y otros. Sabiduría milenaria…

El doctor Ihaleakala Hew Len, quien es psicólogo y maestro del *hooponopono*, tradición hawaiana dirigida a la resolución de problemas interpersonales basada en la reconciliación y el perdón, manifiesta:

«Recuerde siempre que lo que usted ve de errado en el prójimo también está en usted. Todos somos uno; por tanto, toda cura es autocura. En la medida en que usted mejora, el mundo también mejora. Asuma esta responsabilidad, nadie más necesita hacer el proceso. Solo usted».

Hay cosas extraordinarias de nuestras culturas, de nuestros ancestros, sobre el manejo de lo que no se ve, pero que saben que está allí. Hablamos de la energía, de las vibraciones. El *hooponopono*, extraordinario método, es uno de tantos que hay en el diverso campo cultural de cada región y que manejan procesos de reconciliación interna para desde allí trabajar lo externo, viendo al individuo como un todo holístico.

Estos procesos internos hoy en día los estigmatizan, así como se ve a la chamanería, ya que antes se veía a las enfermedades como energías demoniacas. Tomemos en cuenta que antes no veían a la enfermedad como tal. Es como cuando pensaban que la tierra era plana.

«No puedes escapar de una prisión hasta que reconoces que estás en una. Los límites de las creencias son la prisión».

Bob Proctor

Lo que asumían los chamanes por sus creencias era que los enfermos estaban «en posesión de espíritus» de baja vibra. Imagínate hace mil años qué pensarías al ver a un animal o a una persona así: paranoico, delirante y en ciertos casos letárgico, con dificultad respiratoria, mioclonías (movimientos espasmódicos involuntarios) y ojos rojos, entre otros síntomas. Yo correría… Pues acabo de describir partes de las fases de una fiebre, algo común.

Hay cosas que no se ven, pero sabemos que existen (atentamente, wifi…)

Hoy en día podemos hacer mucho uniendo estos dos mundos de manera consciente. Lo he visto en mis pacientes animales (no tienen sugestión) y humanos. Trabajar desde la energía, las vibras, es mover todo desde adentro, mover las moléculas, los procesos celulares y en caso de enfermedades esto se aplica asociado a la terapéutica alópata. Los resultados son extraordinarios.

La energía fluye de manera natural. Somos un río de energía, vibraciones y resonancia. Las culturas antiguas entendían la ciencia sagrada sobre los centros individuales de energía en el cuerpo. Tenían diferentes nombres relacionados con el lenguaje de su época o de su etnia. Los chakras, por ejemplo, que son círculos o **vórtices** de energía vital, son responsables de la regulación del cuerpo energético.

Hay muchos malentendidos sobre este tema y sobre las energías internas, sobre la capacidad de interactuar sobre esos centros místicos de energía y la coherencia entre mente, cuerpo y energía para restablecer la homeostasis.

«La fuerza de la vida de la energía intangible es la kundalini despierta. Para ello, profundiza más en la realidad de sentir la energía de los chakras que en saber sobre ellos».

Osho

Cada uno de estos centros de energía tiene su propia frecuencia, lleva su propio mensaje y está relacionado con consciencia, glándulas y hormonas, entre otros.

Los tres primeros chakras son los **chakras de la materia:**

Primer chakra (raíz o de soporte): Rige el funcionamiento de las glándulas suprarrenales. Energía física y voluntad de vivir. Instinto de supervivencia. Lucha, fuerza, estabilidad, integración. Establecimiento de objetivos en la Tierra. Ser y tener. Raíces. Conciencia material, limitación para la manifestación, disciplina. Desarrollo y nutrición. Placer y salud.

Segundo chakra (sexual): Rige el funcionamiento de nuestras gónadas (ovarios-testículos). Las emociones. El cambio y cómo me adapto a él. El movimiento. El placer. El deseo. La sexualidad, el orgasmo. La protección. La empatía y la sociabilidad. La creatividad. Este lugar del cuerpo necesita sentir aceptación y un amor por sí mismo que le permita sentirse positivo.

Tercer chakra (del plexo solar): Rige el funcionamiento del páncreas. El ego. El yo soy. El territorio propio. El poder y la voluntad. La energía. La transformación. La mente. Este lugar necesita entender las situaciones que vive de manera clara, directa. Armonía de la mente intuitiva.

A continuación está el **chakra de la unión (materia y espíritu):**

Cuarto chakra (del plexo cardíaco): Rige el funcionamiento de la glándula timo (vital para nuestro sistema inmune). El amor incondicional, la compasión, la afinidad, las relaciones, la curación, la respiración, la devoción, el puente. Es el centro del amor, donde interactuamos con las parejas, hijos, familiares, compañeros o amigos. Necesita dar y recibir amor en todos los tipos de relaciones.

Por último, nos detenemos en **los chakras del espíritu:**

Quinto chakra (laríngeo): Rige el funcionamiento de la glándula tiroides. El sonido, la comunicación, la creatividad, la creación, la telepatía, los medios de comunicación. Armonizar con la voluntad divina, la verdad. La expresión.

Sexto chakra (del tercer ojo): Rige el funcionamiento de las glándulas hipófisis e hipotálamo. La vista, la intuición, la clarividencia, la imagen, la visualización, el tiempo. Amor divino y éxtasis espiritual. Necesita vivir la experiencia personal de la espiritualidad y el amor incondicional.

Séptimo chakra (corona): Rige el funcionamiento de la glándula epífisis o pineal. Entendimiento, conciencia divina, conocimiento, trascendencia. Conexión con la mente divina y comprensión del funcionamiento del universo. Necesita experimentar serenidad y gozo divino.

Además, cada uno tiene sus «propios cerebros», red de axones energéticos en cada uno de esos plexos o áreas donde está y resuena cada chakra. Cuando la energía se libera en cada centro, se libera también un conjunto de hormonas y productos bioquímicos, produciendo su propia energía.

Del mismo modo, cuando reaccionas ante algo de tu vida activas y pones energía en tu centro, secretando una cantidad de procesos químicos que activan a diferentes glándulas que, a su vez, producen una activación de energía.

Es algo así como que cuando esa energía se mueve hacia el corazón hay una tendencia a ser más cariñoso, hay una liberación de procesos químicos y hormonales. **A donde fijes tu atención fluye la energía y, por ende, lleva un mensaje amplificado. Tiene su propia consciencia.**

«Su cuerpo forma un todo inseparable con el universo. Cuando está perfectamente sano e íntegro, usted se siente en estado de expansión».

Deepak Chopra

Debemos valorar que todos esos centros de energía están bajo el sistema nervioso autónomo o automático, que es a su vez parte del cerebro límbico y se encarga de cuidar la armonía fisiológica, el equilibrio en los seres vivos.

Hay una gran cantidad de energía en los organismos vivos. Creemos que la energía va en una sola dirección, pero no es así. La energía se va moviendo por toda nuestra columna, buscando siempre la armonía, el equilibro, en cada centro individual.

Los chakras, meridianos o como los prefieras ver son los principales agentes de regulación de la energía vital o campo electromagnético, actuando como transformadores o puertas de entrada a la energía universal. Pueden estancarse en cada uno de sus recorridos por algún trauma, emocional o físico, bloqueando el flujo normal de esos cuerpos energéticos.

La mayoría pasamos mucho tiempo enfocados en la materia, pero recuerda que la realidad está compuesta por partículas, ondas, energía, y allí es donde debemos fijar nuestra atención. Puede ser algo confuso, pero en la energía interna es donde debemos estar para así cambiar la experiencia de la materia.

Es la práctica lo que hace el cambio. La coherencia es lo más importante. Sin coherencia no hay equilibrio; por lo tanto, la homeostasis se pierde. Eso mismo pasa en cada centro de energía o chakra. Puede tomar un tiempo, pero se puede lograr.

La coherencia es orden, es salud. Si llevas el enfoque de la energía a un estado irregular o desequilibrado, este empieza a ordenarse, ya que el bienestar es lo natural del ser, la armonía.

Las creencias moldean la realidad

Tras hacer varios cursos y estudiar meditación, energía, crecimiento personal y metafísica, entendía un poco más sobre estos temas holísticos. A pesar de ello, creía, pero algo no lo terminaba de aceptar. Me parecía algo extraño. No necesitaba «evidencias científicas», sabía que hay algo más; pero de allí a cambiar la realidad no lo procesaba del todo, lo admito…

¡Claro! Hice consciente lo que pasaba en mí y esa dualidad, sin juzgar, eran mis creencias. Una cantidad de cosas que estaban albergadas (todavía hay muchas) en mi mente y creaban conflicto. Se rompía la coherencia de mi mente, cuerpo y energía. Miedos ocultos, discrepancias en creencias. Mucha teoría, poca práctica.

«El que aprende y aprende y no practica lo que sabe es como el que ara y ara y no siembra».

Platón

Ya llevaba tiempo practicando y rompiendo creencias, las cosas ya las aceptaba fluidamente. En una oportunidad tenía que realizar un viaje, fui a hacer un curso en Panamá. Estaba trabajando en la clínica veterinaria de mi tío y colaboraba con una fundación que protegía a los animales. Ellos, la fundación (reservo el nombre), me sirvieron de enlace con los responsables del curso. Casi todo listo…, pero pasaba algo, un pequeño detalle: no tenía dinero ni para el pasaje y la estadía, y mucho menos para estar tiempo en otro país. Cabe acotar que en Venezuela es un tema algo molesto lo de las divisas y el control de cambio.

En fin, tenía que resolver. Recordé los principios universales y las creencias aun cuando las personas decían que no podría viajar, que lo olvidara.

«Ora como si todo dependiera de Dios. Trabaja como si todo dependiera de ti».

San Agustín

Viajé. La tutora de uno de mis pacientes animales me regaló de la nada el pasaje de ida y vuelta a Panamá. Otro de mis pacientes, en este caso humano, me regaló unos dólares para poder comprar lo básico en el viaje y, por último, me hospedé con personas maravillosas, con las que hoy día sigo en contacto, en el mismo lugar donde se realizaría el curso.

Así tengo muchos cuentos y también tengo muchas creencias. Eso sí, ya a las creencias las estoy detectando y las pongo en tela de juicio. Las cuestiono y me enfrento a ellas, **valoro si es algo que me va a limitar o me va a impulsar.**

Este quizás no es un cuento de esos de superación personal, uno de la cura de la enfermedad o del paso de la pobreza a la riqueza. Es sobre algo cotidiano y sí se puede cambiar la experiencia de esa realidad que viví. Somos cocreadores y tenemos a la mano la experiencia de cómo lo queremos vivir… Tengo muchas anécdotas; quizás si te adentras en tu mente verás que también las tienes, que cambiaste la experiencia de tu realidad.

«Nuestros antepasados observaron la complejidad y la belleza de la vida y comprendieron que tenía que existir un gran creador».

Carl Sagan

Todos tenemos creencias que nos hacen «**VER**» la forma en que fuimos sometidos por un largo tiempo. Ni siquiera sabemos si lo que creemos es una realidad o no, si es solo un patrón. El detalle es darte cuenta de ese patrón y de la forma en que puede afectarte. Ya esto no es un secreto, un tabú para muchos, pero esa sabiduría de nuestros ancestros ya es un manifiesto. Gracias…

Recuero un libro, uno de los que me cambió el enfoque de las cosas, *Conversaciones con Dios*, del maestro Neale Donald Walsch. Voy a citar una de las tantas partes que me movió mi mundo:

«Los acontecimientos y las experiencias son oportunidades simples. Sería un error juzgarlos como "obras del demonio", "castigo de Dios", "recompensas del Cielo" o cualquier cosa intermedia. Simplemente, son acontecimientos y experiencias, cosas que suceden. Lo que les da significado es lo que pensamos de ellos, lo que hacemos al respecto y lo que somos en respuesta a ellos.

Los acontecimientos y las experiencias son oportunidades que atraes tú, creadas por ti mismo, *individual o colectivamente, a través de la consciencia.*

La consciencia crea experiencia. *Estás intentando elevar tu consciencia. Has atraído estas oportunidades a fin de usarlas como instrumento en la creación y experimentación de quien eres tú. Quien eres tú es un ser de consciencia más elevada de la que ahora manifiestas. Debido a que es mi voluntad que sepas y experimentes quien eres tú, te permito atraer hacia ti cualquier acontecimiento o experiencia que elijas crear para alcanzar este fin.*

Otros participarán en el juego universal; se unen a ti de vez en cuando, ya sea como encuentros breves, participantes periféricos, compañeros temporales de equipo, interactores a largo plazo, parientes y familiares, seres amados o camaradas en la senda de la vida.

Tú atraes hacia ti a esas almas y ellas te atraen hacia ellas mismas. *Es una experiencia mutua creativa, la cual expresa las elecciones y deseos de ambas.*

Nadie llega a ti por accidente. Las coincidencias no existen. Nada ocurre al azar. La vida no es producto de la suerte.

Los acontecimientos, al igual que las personas, los atraes tú para tus propósitos. Las mayores experiencias y creaciones planetarias son el resultado de la consciencia de grupo. Se ven atraídas hacia tu grupo como un todo, como resultado de las elecciones y los deseos del grupo como un conjunto».

Todo cambia si tú cambias

Fíjate bien en los grandes acontecimientos de tu vida. Recuerda un poco. Libros, personas, momentos que te marcaron. Todos los tenemos…

Estaba pasando por un momento, algo «complicado», en una de mis experiencias migratorias. Me encontraba en Santiago de Chile (hermoso país, por cierto). Trabajaba para una empresa, una pyme. Me gustaba mi trabajo muchísimo, tenía que ver con mi especialidad de terapias naturales. Tras estar un tiempo allá y de ganarte a pulso la residencia, estábamos ya empezando a estabilizarnos y ¡bum! Movimiento social. Sin entrar en opiniones (no es el caso), las pymes empezaron a colapsar y dentro de ellas estaba aquella en la que yo trabajaba.

Sin entrar en victimismo agarramos las riendas: para delante, a lo que venga. La cosa resultaba difícil en el trabajo, pero la reinvención ayuda. La cosa se ponía más difícil y, como humano, uno titubea. De repente me llega una información de una persona a quien quiero y respeto mucho: «**Recuerda que tú tienes el poder de cambiar todo**». Palabras sabias. No vives lo mismo que yo (pensaba), pero es verdad…

Siempre nos pasan cosas en esta aventura de la vida en las que por algunas creencias perdemos el camino, cosa que para mí es distinta a perder el foco. Debido a algunas experiencias vividas perdí ese camino, sentía que estaba atado de manos, quería hacer más, quería aportar más… Nada.

Un día, entre bombas lacrimógenas por las manifestaciones, me metí por una calle en la que venden libros nuevos y usados. Hablando con Dios, mi energía o como lo quieras ver, me detuve y pregunté por un libro que me habían recomendado una vez: *La voz de tu alma*, de Lain García Calvo. Lo encontré. Me volví a conectar con lo que está en mí, con mi propósito.

«Tu propósito de vida viene de tu mayor desafío».

Lain García Calvo

En *La voz de tu alma*, libro que hoy día llevo a todos lados, Lain expone una de tantas cosas:

«Todo el mundo trata de decirnos cómo debemos vivir la vida y nuestra mente, con sus programas subconscientes del pasado, no deja

de advertirnos y de recomendarnos que tomemos ciertas decisiones que siempre nos llevan a la misma zona de confort.

El principal desafío no es cambiarte, ¡tú ya eres perfecto! El principal desafío es convertirte en ti mismo, el que siempre deberías haber sido…

Viniste aquí para brillar, lo tienes todo».

¡Clarooo! Todo cambió. No pararon los problemas en Chile, todo se mantenía. **YO** cambié, la experiencia de «mi realidad» cambió. Estaba metido en los *Brules*, como les dice Vichen, pero en el momento en que ves que estás entrando en bucle, pues tienes que salir.

No mejoraron las ventas, no mejoró el país, cada uno tiene su proceso. Yo estaba cambiando el mío y lo mejor es que a medida que iba cambiando se reflejaba y veía a mi entorno hacerlo también.

«La principal perfección del hombre consiste en tener libre arbitrio, que es lo que le hace digno de alabanza o censura».

René Descartes

Es tu decisión cambiar (bueno, es la de cada uno), hacer ver si eso que haces en el día a día te autocensura o libera tu propósito. Es nuestra decisión el cambio y asumir favorablemente lo que pasa en nuestra vida. El cambio es una decisión de cada uno. Todos tenemos talentos, creencias, todos tenemos cosas maravillosas y duales. Si necesitas ayuda, PÍDELA a los profesionales, pero HAZLO. Tú puedes transformar tu vida… Bueno, si quieres.

Érase una vez…

Hace algún tiempo, me pasó cuando… Así decimos al tiempo que pasamos por alguna experiencia. En la gran mayoría de los casos es para contarla como anécdota. Reflexionamos esa vivencia y quizás, solo quizás, si nos llegara a pasar algo similar actuaríamos diferente. Aunque es extraño eso, ya que la mayoría de las veces, ¡sí!, uno reflexiona, pero vuelve a cometer lo mismo. No digo que todo el tiempo, pero sí la mayoría.

A mí me ha pasado no una, sino varias veces… Recordé la frase de Néstor Roulet en la que expresa que **el ser humano es el único animal que tropieza dos veces con la misma piedra**. Sí, puede ser, pero lo veo por las creencias, que a su vez se manifiestan en actos. **Los actos brindan experiencias y a las experiencias las juzgamos. Y así empieza nuestra rumia mental y de acción**.

«Reflexiona sobre tus bendiciones presentes, de las que todo hombre posee muchas; no sobre tus pasadas penas, de las que todos tienen algunas».

Charles Dickens

Te cuento algo que hago y que cambió la forma de ver mi pasado o lo que me ha afectado negativamente. Eso influye en mi energía presente…

Soy creyente de las energías, de las vibraciones y del equilibrio en la naturaleza, en nosotros. También está el desequilibrio, esa fractura de la coherencia del pensamiento, la energía y el cuerpo. Ahora bien, en esas cosas nuevas, que sí pueden ser atraídas, tenemos que hacer consciente nuestro accionar. Ya se sabe que quizás pasaste por algo similar, pero no tienes que tener la misma experiencia. Puedes cambiarla… Me ha pasado. Mi técnica es hacer consciente en presente, fluir. Suena a cliché, a tontería quizás por ser algo simple, pero así es la naturaleza: simple y profunda.

Hay una técnica japonesa el *kintsugi*, basada en el arte de arreglar las fisuras y las fracturas de cerámicas utilizando el hermoso metal dorado, el oro. Lo interesante de esta técnica o de la filosofía que ella trae es que las reparaciones no intentan hacer una restauración limpia y transparente del objeto. Más bien es todo lo contrario, pretenden enaltecer la belleza de esas «cicatrices». **Es valorar tu historia con orgullo**. Ya eso es el principio del cambio. No es el pasado, es el presente…

El enfoque del cambio

«Tu tarea es la de crear el sentimiento dentro de ti aun antes de que tengas la relación, aun antes de que tengas el dinero, aun antes de que tengas la experiencia».

Abraham Hicks

Escuché esta frase. No la entendía o no la quería entender. ¡Otra frase más de autoayuda, puff…!

Los libros y gente de la *new age*. Yo también de alguna manera pertenecía, me estaba preparando desde pequeño para eso. Igual tenía mis creencias duales, creía y a la vez no. Mejor dicho, lo sentía, pero mi mente no quería creerlo por esas limitaciones.

Empecé a fluir, a permitir, sobre todo a permitirme disfrutar de mi pasado, de las cosas que me fortalecen, que valen la pena, cambiando la experiencia. Me di cuenta de que, como comenta Abraham, nuestra tarea es crear el sentimiento sin el apego al resultado.

Ya sé que las leyes no se equivocan y nosotros sí. Pues empecé a usar mi energía, pensamientos y sentimientos para las cosas que realmente valen la pena de mi pasado y mi presente. Sabemos que las cosas se repiten hasta que aprendamos, que a las cosas las atraemos. Pues bien, es una llamada de atención para enfocarme en lo que vale la pena. Te invito a que lo hagas. Al principio cuesta, como todo. No empezaste a caminar sin antes arrastrarte o gatear. Te caías, golpes, sentadas de culo… Ya fuiste dominando la técnica, ya caminas. **Así es esto de las creencias. Al principio cuesta, lucha de creencias, se enfrentan las emociones, pensamientos y energías, pero SIEMPRE SIEMPRE vuelves al origen. Es lo natural del SER.** Todo vuelve a su cauce.

Mi pasado es mi trampolín, mi presente es mi cambio…

«Un eminente científico paseaba por el campo aburrido, sin nada que hacer. De pronto se encontró un capullo de mariposa posado sobre la rama de un árbol. Al acercarse, el hombre se dio cuenta de que la mariposa estaba luchando para poder salir a través de un diminuto orificio. Tras un buen rato observando la crisálida y viendo que el insecto no conseguía abrirse paso

hacia el exterior, el científico decidió ayudarle a solucionar dicho problema.

Seguidamente cogió el capullo con delicadeza y lo llevó a su casa. El hombre estaba realmente excitado. Jamás había visto nacer a una mariposa. ¡Y mucho menos habiendo sido él quien lo posibilitara! Al poner la crisálida bajo la lente de su microscopio pudo corroborar su primera impresión: el cuerpo del insecto era demasiado grande y el agujero, demasiado pequeño. Además, era evidente que algo andaba mal, pues la mariposa estaba sufriendo. Preocupado por el insecto, el eminente científico fue a buscar unas tijeras y, tras hacer un corte lateral en la crisálida, la mariposa pudo salir sin necesidad de hacer ningún esfuerzo más.

Satisfecho de sí mismo, el hombre se quedó mirando a la mariposa, que tenía el cuerpo hinchado y las alas pequeñas, débiles y arrugadas. Le acababa de salvar la vida. O al menos eso creía. Seguidamente el científico comenzó a acariciar al insecto, esperando que en cualquier momento el cuerpo de la mariposa se contrajera y desinflara, viendo a su vez crecer y desplegar sus alas. Estaba ansioso por verla volar. Sin embargo, debido a su ignorancia —disfrazada de bondad—, aquel eminente científico impidió que la restricción de la abertura del capullo cumpliera con su función natural: incentivar la lucha y el esfuerzo de la mariposa, de manera que los fluidos de su cuerpo nutrieran a sus alas para fortalecerlas lo suficiente antes de salir al mundo y comenzar a volar. Sus buenas intenciones provocaron que aquella mariposa muriera antes de convertirse en lo que estaba destinada a ser».

El científico y la mariposa

Cuento extraído del libro Aplícate el cuento,
de Jaume Soler y Maria Mercè Conangla.

Es extraño: pides ayuda, no te la dan y esa es muy probablemente la mejor ayuda. Te obligas a resolver, a buscar las maneras de lograr lo que te propones. O tan solo uno mismo quiere echarle una mano a alguien sin pensar que lo que estamos haciendo es todo lo contrario, estamos limitando su aprendizaje personal.

De cualquier manera, como dice el antiguo proverbio zen, **«cuando el alumno está preparado aparecerá el maestro»**. Posiblemente seamos nosotros nuestros propios maestros. Sí o sí el cambio va; ya es cuestión de respetar el proceso y adaptarte.

Patrones recurrentes

Siempre fui de convicción, cometiendo errores, aprendiendo. Miedos venían, miedos se iban. Me di cuenta de que tenía un bucle laboral con compañeros y jefes, mismos patrones. ¿Los atraigo? ¿Por qué lo mismo?

¿Te ha pasado? Quizás no con jefes, pero sí con parejas, amigos… Empieza el cambio.

Me di cuenta, lo hice consciente y… vino el cambio. Cambia la forma de ver las cosas. Que, por cierto, me ayudó en absolutamente todo en mi vida, desde mi relación conmigo a la relación con mi entorno.

¿Por qué es tan difícil el cambio?

Todo el mundo habla de un mejor futuro, cuerpo, pareja, trabajo…, pero no puede cambiar a un nivel más profundo. Siempre hay que esperar a que pase algo intenso, que la mayoría de las veces son eventos desagradables, pérdidas, enfermedad.

Creo que es posible hacer el cambio de forma consciente de un estado de alegría e inspiración. No es necesario el dolor para el cambio. Pero ¿qué es el cambio?

Vamos a asumir que es verdad que los pensamientos determinan el futuro. Tenemos 60.000 pensamientos aproximadamente por día, según los expertos. Son los mismos todos los días, pensado en experiencias pasadas casi en su totalidad.

Si los pensamientos tienen que ver con el futuro, pero son los mismos pensamientos, es una rumia mental, un bucle del pensamiento, por lo que no van a cambiar mucho y siempre te van a llevar a lo mismo. Mismos pensamientos, mismas emociones, misma conducta, misma atracción, mismas experiencias, mismos resultados.

«Tal vez sea la propia simplicidad del asunto lo que nos conduce al error».

Edgar Allan Poe

Por eso, aunque suene a cliché, hay que cambiar desde dentro, empezar a hacerlo consciente. **Permitir el cambio**. Eso es un detalle de los programas comunes de crecimiento personal, muchos de los cuales no enseñan eso y solo se quedan en afirmaciones y tareas para el hogar.

Miras cómo te sientes, actúas. Piensas es una conexión directa con tu vida. Si sigues igual, con la misma emoción y pensamiento, se tienen las mismas experiencias. Es un patrón que hay en el cerebro. **Los comportamientos memorizados hacen una reacción automática.**

Cuando decides cambiar solo lo superficial, no tomas en cuenta lo subconsciente. O sea, el patrón de reconocimiento es muy pequeño comparado con la raíz en el subconsciente, por lo que se vuelve otra vez a lo mismo.

No hay una coherencia por el condicionamiento del pasado. Entonces los pensamientos que estás teniendo es posible que no sean del futuro, sino que son pensamientos marcados por experiencias pasadas con leves, muy leves, cambios. Entonces se convierten en recuerdos, siendo todo predecible.

Esto de verdad suena complicado, pero es práctica. Practica y se ven resultados muy rápido. Todo esto te lo cuento por mi experiencia. Y si a uno le funciona, ¿por qué a los demás no? Por la práctica…

Vemos la página en blanco

Todos al levantarnos de dormir o de una siesta somos una página en blanco. Los grandes de la neurociencia lo confirman: es página blanca, es un estado receptivo (en este momento es cuando hay que trabajar las afirmaciones). Luego, a escasos minutos, el cerebro empieza a accionarse y empieza a marcar los pensamientos pasados como un archivador.

Empiezan los problemas; este problema trae emoción. Hay una coherencia con el pensamiento, por lo que la experiencia será la misma. **Son ciclos que no cambian si no quieres el cambio.**

Cuanto más sientes por alguna experiencia, más atención prestas a lo que causa eso y mientras más enfocado estás, más potente tendrás la emoción que estará formando parte del ser actual.

Todo es una experiencia

Todos, de alguna manera, reafirmamos las experiencias. Es como si les pusiéramos un embellecedor. Es parte de revivir cosas. El cuerpo responde, la mente no sabe qué es real; solo responde a lo que la mente manda con emoción, volviendo al pasado. El cuerpo es la mente. Estás en piloto automático.

Cambiar es romper lo conocido, una metamorfosis, vivir nuevas experiencias, nuevas emociones, que no sea algo automático. Es cuando estás creando tu realidad personal. Entonces dejas de culpar a lo externo. Hay que superar condiciones del entorno. **Los más grandes de la historia sabían eso… Los más grandes en la actualidad lo saben. Solo cambiando las experiencias sobre tu entorno cambiará tu mundo**.

Mientras sigas sin **crear** nada en tu vida, todo lo que se refleja en tu cerebro será lo mismo una y otra vez. **Para cambiar hay que cambiar los tiempos**, de lo pasado a lo que es en el hoy, para así cambiar el futuro. Hay que superar la vía del tiempo.

La fórmula para el cambio es cruzar el puente, no tomar las mismas decisiones, elegir las cosas diferentes. Ajá, ya lo sabías, pero sigues en lo mismo. ¡No! Mira en qué se repiten las cosas que quieres cambiar…

Lo incómodo es que uno está entrenado para hacer lo mismo todo el tiempo, que todo sea lo mismo, y el cuerpo junto con la mente, que busca protegerte, quieren volver y mantenerse en la zona de confort. No hay cambio… **La única forma es dar el salto**.

Es la incoherencia entre el cuerpo, la mente y la energía. En su incomodidad empiezan a sabotear. Las hormonas, las bioquímicas, empiezan un «desorden» en el cuerpo que crea la inseguridad, el estrés patológico.

En la neurociencia, actualmente, hay estudios que sugieren que cuando cierras los ojos y practicas algo la mente no sabe si es real o no (placebo o nocebo) y es manifestado en el cuerpo por las condiciones internas. En ese caso se puede usar la mente para el futuro, pero hay que hacerlo todos los días. Una y otra vez, una y otra vez.

Es difícil, sí, por lo patrones, pero como todo: poco a poco. Más adelante hablaremos de la paciencia…

No puedes esperar nada para sentir las cosas. Debes sentirlas antes y que así se transformen en tu causa, no en tu efecto. El milagro lo tienes tú en tus manos. En el momento en que te sientas completo todo llegará. **Te invito a comprobarlo**…

Todos hemos hecho cosas maravillosas en nuestras vidas, tenemos ese recuerdo, esa sensación; si no, pues está la curiosidad de sentir esa sensación activando todos los sistemas del cuerpo. Luego proyectas y fijas la imagen en tu mente, una intención. Eso te amplifica la experiencia de tu mente, dándole una prueba del futuro. Puede usar la visualización con la emoción y la energía en coherencia.

Todo es una emoción, una práctica. Si respondes al «no puedo», pues es lo que tendrás. Si piensas que sí, sin importar, lo tendrás. Eso o algo mejor. Es impresionante el poder de la mente subjetiva.

Hay un relato histórico que trata sobre la sugestión, la coherencia, el enfoque:

«Antes del año 335 a. C., al llegar a la costa fenicia, Alejandro Magno debió enfrentar una de sus más grandes batallas. Al desembarcar comprendió que los soldados enemigos superaban en cantidad, tres veces mayor, a su gran ejército. Sus hombres estaban atemorizados y no encontraban motivación para enfrentar la lucha; habían perdido la fe y se daban por derrotados. El temor había acabado con aquellos guerreros invencibles.

*Cuando Alejandro Magno hubo desembarcado a todos sus hombres en la costa enemiga dio la orden de que fueran quemadas todas sus naves. Mientras los barcos se consumían en llamas y se hundían en el mar, reunió a sus hombres y les dijo: "Observen cómo se queman los barcos… Esa es la única razón por la que debemos vencer, ya que si no ganamos no podemos volver a nuestros hogares y ninguno de nosotros podrá reunirse con su familia nuevamente ni podrá abandonar esta tierra que hoy despreciamos. Debemos salir victoriosos de esta batalla, ya que solo hay un camino de vuelta y es por mar… **Caballeros, cuando regresemos a casa lo haremos de la única forma posible, en los barcos de nuestros enemigos"»**.*

La mayoría de las veces el temor a salir de la zona de confort, a los patrones sobre el pasado o repetidos, como quieras verlos, te puede llevar a la falta de fe. El temor quebrando a la voluntad. Estar atado a lo seguro nos puede privar de alcanzar nuevos éxitos, nos puede llevar a renunciar a los cambios o a sueños.

Las condiciones para lograr éxitos no son siempre fáciles. Es estar abiertos a los cambios y adaptarse…

El éxito

«El punto de partida de todo logro es el deseo».

Napoleón Hill

Todos tenemos formas de ver la vida, de ver el éxito. Aunque tengamos puntos de acuerdo, vemos las cosas diferentes y eso está bien. Son creencias que están en cada uno y es lo que determina ese éxito. Dependiendo de lo que se crea, se manifiesta.

En un artículo del año 2015 publicado por la revista **Forbes** se hace un compilado sobre el éxito, según personajes famosos. Vemos qué dicen algunos de ellos. Copio textualmente:

«El éxito es aprender a ir de fracaso en fracaso sin desesperarse».

Winston Churchill

La clave está en aprender de ellos, en no tirar la toalla y no caer en la desesperación. El éxito es seguir adelante.

«He fallado una y otra vez en mi vida. Por eso he conseguido el éxito».

Michael Jordan

Sin errores no puede conseguirse el éxito. Sin saber lo que no se debe hacer es imposible rozar la perfección.

«El éxito no se logra solo con cualidades especiales. Es sobre todo un trabajo de constancia, de método y de organización».

J. P. Sergent

El éxito solo lo consiguen aquellos que luchan cada día, sin rendirse, por lo que quieren. El mayor fracaso es no intentarlo.

«Las personas no son recordadas por el número de veces que fracasan, sino por el número de veces que tienen éxito».

Thomas Alva Edison

Y eso es lo que nos debe dar fuerzas para seguir adelante. No dejar solo fracasos en nuestro camino, sino también logros.

«Se alcanza el éxito convirtiendo cada paso en una meta y cada meta en un paso».

C. C. Cortez

Tan sencillo como que no se puede empezar la casa por el tejado. El éxito se consigue con constancia, poco a poco.

«El requisito del éxito es la prontitud en las decisiones».

Sir Francis Bacon

Quizás el éxito, la oportunidad, pase delante de ti. Pero si lo piensas demasiado… será de otro.

«Lo realmente importante no es llegar a la cima, sino saber mantenerse en ella».

Alfred de Musset

Muchas personas logran el éxito, pero una vez obtenido lo descuidan y caen estrepitosamente. Una vez conseguido lo que queremos, nuestro deber es luchar por mantenerlo.

Enlace de la fuente:
https://forbes.es/lifestyle/6974/las-definiciones-de-exito-que-jamas-deberias-olvidar/5/

Como verás, el éxito tiene muchas variantes dependiendo de las personas y sus creencias.

La definición es quizás algo abstracta, ya que en cada uno puede valorarse como algo distinto. Para alguien el éxito puede significar lograr el puesto más alto de su empresa, mientras que para otra persona el éxito está en tener una relación saludable. A mí me gustan todas las frases, las veo fascinantes, aunque para mí el éxito es la armonía del todo o estar lo más armónico posible, estar alineado con uno mismo y expandir esa energía.

Por supuesto que hay que hacer sacrificios y trabajar duro. Sacrificio, qué palabra tan maltratada por algunos del crecimiento personal, pero es parte del crecimiento. Sacrificar cosas por un efecto al que deseas llegar. El prestar atención a algo hace que dejes de ver otras cosas. Y no es que no te importen, es que tienes una prioridad y te enfocas en eso.

También está el trabajo duro, pero la armonía es fluida, no debe ser algo duro. Sí, pero hay que trabajar en las creencias y eso es duro, romper patrones y darte cuenta de que todo es responsabilidad de uno mismo.

Ley de retrocesión

Alan Watts definía en el prefacio de su obra *La sabiduría de la inseguridad* lo que él llamaba la ley de la retrocesión: «Cuando intentas permanecer en la superficie del agua te hundes, pero cuando tratas de sumergirte flotas».

La idea es que cuanto más quieras sentirte bien menos satisfecho te sentirás, pues perseguir algo solo enfatiza el hecho de que no lo tienes. Es algo que trata sobre el control del resultado, por lo que el enfoque es en las cosas que no tienes.

Un ejemplo claro es que mientras más desesperación sientas por ser millonario más pobre te puedes sentir, sin importar cuánto dinero tengas en realidad. Otro ejemplo: cuanto más desees alcanzar la iluminación espiritual, más egocéntrico y superficial te volverás al intentarlo. El problema es que nos quejamos y nos quejamos de lo no tenemos.

Es cuestión del enfoque, no del deseo, de valorar lo que uno tiene en la gratitud del aprecio y no en el enfoque de la carencia por lo que no se tiene.

Una cosa es el deseo de algo y otra es el enfoque de la necesidad de ese algo, que puede llegar al desespero y es allí a donde hay que evitar llegar para la materialización de eso anhelado.

«El significado y el objetivo de danzar es la danza. Igual que la música, se realiza plenamente en cada momento de su

curso. No se toca una sonata para llegar al acorde final. Si el significado de las cosas estuviera simplemente en los finales, los compositores solo escribirían últimos movimientos».

Alan Watts

Yo no entendía esta ley, me parecía algo confusa, hasta que entendí lo complicados que somos los humanos (o, bueno, las creencias en las que nos sumergimos), entendiendo que el disfrute del camino es lo que lo hace enriquecedor.

La experiencia, la conexión con ese presente que **EMERGE** de nuestro ser y nos permite la transformación, nos proporciona la consciencia de existencia real.

Por más complejas que nos resulten las cosas, conocemos las leyes naturales, en nuestros procesos internos sabemos que existen, pero no la aplicamos.

No es darnos golpes de pecho por lo que fue o por lo que será. Cuesta entenderlo, por eso hay que aceptarlo. Desear las cosas sin el apego al resultado es una de las coas más complicadas que están en nuestras manos. **Sabemos que existen esas leyes, pero no somos coherentes.**

Todas las cosas parten de nuestra energía, en coherencia con lo que somos en materia y pensamientos, viviendo la experiencia del sentimiento sin control, solo en la maravilla de la fusión con el presente.

Te invito a vivir la experiencia de la coherencia. Y no, no soy un gurú; soy como tú, alguien que vive aprendiendo del día a día. Me pasan cosas, unas agradables y otras quizás no tanto, pero eso es relativo, es creencia. Lo que sí te puedo decir es que todo está reflejado en la coherencia de uno mismo.

«El hombre sigue la ley de la tierra. La tierra sigue la ley del cielo. El cielo sigue la ley del tao. El tao sigue su propia ley».
Tao Te King

Periodo de gestación

«Trata de mantenerte en equilibrio. Una de las primeras cosas que provocan la desalineación de la energía es pedirse o exigirse uno mismo demasiado en términos de tiempo y esfuerzo. Es decir, no puedes terminar físicamente agotado y luego esperar de ti mismo tener una actitud alegre».

Abraham Hicks

La medicina veterinaria me enseñó la maravilla de la vida de las especies y complejos celulares y fisiológicos, que a pesar de ser diferentes tenemos características maravillosas que nos asemejan.

Las medicinas naturales, junto con la meditación, me enseñaron a ver lo hermoso de la energía, el movimiento que existe y la armonía. Sí, todo es armonía… **Todo tiene un proceso, un periodo de gestación**.

Hay muchas personas en el mundo preguntándose **cómo mantenerse expandidas en el mundo de hoy**, en este presente que se va destruyendo, que está convulsionando; cómo sobrellevar las cosas y crecer. Pero algo adentro sabe que las respuestas están allí, que hay que hacer la pregunta correcta.

No importa lo que está ocurriendo; puede que exista una incomodidad de la que quieras librarte y piensas en esa situación una y otra vez.

Eres un medio. ¿De quién y qué eres?

Es parte de la gestación y aceptarlo es parte de la expansión de todo aquello que parece tan fugaz que crees que está fuera de ti mismo, fuera de tu alcance. Estás aquí para conseguirlo, para disfrutarlo. No tienes que ser una víctima del pasado o del futuro, solo tienes que permitirte ser y disfrutar de tu presencia, entendiendo que todo es parte de un proceso. No eres la mente consciente. Hay que hacerla consciente…

Te ha pasado que estás en algún lugar, pensando en cualquier cosa, y de repente oyes a tu mente, que está hablando sin ti, sin tu presencia en atención. Toda una conversación. Es algo como si tú solo fueses un espectador.

Hay algo que quiere expresarse a través de uno, vivir eso que rompe las creencias que nos limitan para vivir como se debe, alineados y en expansión.

Es importante aceptar ese proceso que nos transforma, respetar esa semilla que llega al suelo fértil, lleno de nutrientes, para germinar y proyectar. Dentro de esa semilla hay un patrón, hay una energía que está dispuesta a salir, a expandirse donde se explota todo ese potencial. Hay ideas, hay visión sin importar el pasado, el futuro, sin importar de dónde venimos. Todo es parte del proceso.

Todo es perfecto en la imperfección de lo perfecto…

Nuestro potencial va a manifestarse como sea, lo va a hacer en algún momento, cuando estemos preparados. Es una consciencia expandida, donde somos parte del todo y de la nada, sin estar sujetos a las supersticiones de la mente, porque es parte de nosotros, donde creamos condiciones favorables para que exista la coherencia en nuestra triada perfecta entre la mente, el cuerpo y la energía. Somos una configuración que desea salir y expresarse.

Cuando miro a la naturaleza, a los animales, veo la belleza de la coherencia, la armonía, la simbiosis de un estado en perfección donde convergen los tiempos de gestación, el instinto, la intuición, la acción.

«¿Amas la vida? Pues si amas la vida no malgastes el tiempo, porque el tiempo es el bien del que está hecha la vida».

Benjamin Franklin

El tiempo es ahora. Hay regalos que están internos; es el estado de presencia en la conciencia de la coherencia. Piénsalo, mírate, deja de escuchar todo lo que no te permite ser quien eres, anota todo, da el primer paso… Te invito a tomar acción y a que veas como el universo quiere entrar en acción a través de ti.

La energía no depende del tiempo, solo es y fluye. Nosotros hacemos uso de ella, permitiéndole circular o bloqueándola como una represa. Ya tenemos herramientas que nos permitan fluir de manera consciente sobre nuestro campo vibratorio. En ese campo no existe el tiempo.

Las energías y vibraciones

Todos nos enfocamos en cómo llegar a las cosas, pero muy poco en por qué o para qué. Llegar a eso que se desea desde la gratitud de lo que se tiene.

Volvemos a la gratitud. Pero es que sin agradecimiento no se obtiene nada. O, mejor dicho, sí se obtiene, pero cuesta más. Siempre buscamos el cómo de las cosas, buscando, rompiendo los esquemas, y lo que terminamos rompiendo es nuestra mente de tanto pensar y afloran más creencias que nos golpean desde el ego.

Cuando redireccionamos el enfoque a los por qué o para qué, es el enlace de lo que deseamos a nuestro anhelo. El cómo se manifiesta solo; lo importante es la conexión de lo deseado.

Pero ¿qué tiene que ver eso con la energía y las vibraciones? Pues que todo en esta vida vibra, que somos unos canales energéticos que convergen en la materialización de las cosas. Es una atracción.

«Cuando haces un contacto genuino con tu espíritu interno hay una alegría interna, una paz que toma el control».

Michael Bernard Beckwith

Las acciones tomadas desde la energía nos guían. En su fluidez no hay equivocaciones, hay convicción, se acepta que todo lo que está pasando es porque debe ser así y que es parte del crecimiento en la decisión de vivir la experiencia del presente. Esa experiencia es por la atracción energética.

Nuestra energía no sucumbe ante la lógica de la «razón» o del control exterior. Se puede bloquear o puede disminuir su flujo, pero jamás morir. Hay una transformación, como cita el doctor Einstein: **«La energía ni se crea ni de destruye, se transforma»**. Por lo tanto, todo es una transformación.

Todos estamos en un proceso de evolución. Da igual la creencia que se tenga, es respetada. Pero todos venimos a vivir la experiencia de la materia de nuestra vida.

La vida es un proceso de decisión, lo que se quiere experimentar, en la energía de lo que se quiere atraer como ondas que vibran en nuestra misma frecuencia. No es algo consciente, lo que hace más interesante el tema. Romper esto, hacerlo consciente, es lo que lo hace extraordinario. Es ser responsables de que somos un ente de energía que debe decidir el enfoque de lo que se quiere vivir y experimentar.

No es lo mismo operar desde lo que no puedo a hacerlo desde lo que sí puedo. Enfoque, energía…

Vivimos de la resonancia, lo que vibra y que nos mueve, la química interna, con la capacidad de decidir la experiencia, una decisión consciente.

Causa y efecto… **Yo decido la experiencia que quiero vivir y transmitir desde lo que soy.**

Miles de cosas le pueden estar pasando a uno en lo externo. Cómo enfrentarlo, vivirlo y experimentarlo es una decisión que se une a la coherencia de lo que es desde el SER.

La energía se va a mover para vivir lo que resuena con nosotros, no que lo que gusta o no. Es lo que resuena por el patrón vibratorio que existe.

La metamorfosis

Las transformaciones comienzan desde la decisión de aceptar el cambio. Esto es en el humano. Los animales sienten ese cambio como algo natural; nosotros debemos ir rompiendo creencias, patrones, programas para hacer el camino más fácil. Sin embargo, al no aceptarlo es cuando entra el dolor.

Ya a estas alturas el cambio lo debes sentir, debes ver cosas desde otro enfoque. Recuerda que hay que practicar para mejorar, pero todo depende de la decisión hacia esa metamorfosis, dolorosa y estancada o movida y fluida como la energía que tú desees. Eso no quiere decir que sea fácil, pero sí es más estable, relajada y cómoda. Es lo natural de tu SER.

El cambio está en ti…

Si cambias tú, cambias el mundo. Tu mundo.

Debes tomar acción, que sea inspirada, abrazar a las oportunidades que resuenen contigo. Ya sabes que el universo es mental, energía-vibración, obedece a lo que SOMOS en coherencia para así recibir todas las maravillas que hay.

«Aquellos que no aprenden nada de los hechos desagradables de la vida fuerzan a la conciencia cósmica a que los reproduzca tantas veces como sea necesario para aprender lo que enseña el

drama de lo sucedido. Lo que niegas te somete; lo que aceptas te transforma».

Carl Jung

Nuestra naturaleza es la congruencia, el cambio, la fluidez. El equilibrio es algo natural. Somos una bendición y creamos bendiciones.

No es solo la creación de mapas mentales, decretos o trabajos de crecimiento personal. Eres más que eso. Esas técnicas ayudan cuando eres coherente y practicas. Cuando no permites el cambio es cuando molesta, duele, pero el universo se va a encargar de que pase sí o sí. Es parte de la fluidez de la energía y de las leyes naturales.

«El fruto del Espíritu es amor, alegría, paz, paciencia, amabilidad, bondad, fidelidad, humildad y dominio propio. No hay ley que condene estas cosas».

Gálatas 5, 22-23

Conéctate al bienestar, a tus deseos, siente la energía fluir a tu corazón y abraza ese sentimiento. Apóyate en esa sensación de bienestar en todo momento y te prometo que las cosas van a resultar más fáciles.

Te vas a sorprender de quién eres y de lo que serás capaz de sentir. Estoy convencido de eso.

El bienestar es el estado natural de SER; la coherencia es su vehículo.

Gracias, gracias, gracias de corazón.

Con amor.

Quiero contarte algo más…

El 10 por ciento de los ingresos por la venta de este libro será donado a diferentes fundaciones. Entre todos podemos hacer más… El cambio es hoy.

Gracias, gracias, gracias.

Puedes enviarme tu experiencia con la lectura de este libro a coacharaiz@gmail.com y seguirme en mis redes sociales: @DanielAraizE

¿Quién es Daniel Araiz?

Nacido en Caracas (Venezuela), Daniel es una persona como tú, normal, con sueños. Una persona con altibajos que ha aprendido a vivir en el presente.

Ha pasado por muchos inconvenientes, momentos complicados, pero aprendió que a lo que se le da importancia eso crece. Así que mi enfoque es en sentirme bien y por eso quiero brindártelo a ti.

Su infancia fue algo movida; vivía entre animales, medicina veterinaria, metafísica, medicinas naturales y calle. Esta última le enseñó sus encantos duales de forma extrema, aprendiendo a callar lo que percibía.

Desde muy pequeño sentía cosas. No es que tenga los sentidos más agudos (todos los tienen); en mi caso, no me los opacaron. En mi casa me preguntaban qué sentía. Hablo de lo extrasensorial… Sentí la energía o las vibraciones de las cosas. Pero la calle era otra cosa.

Me gustaba la meditación, pero esa calma para un niño de ocho años era extraña y en la calle no fue muy bien vista.

Tenía una dualidad bien marcada: muy extrovertida y tremenda, muy meditativa y sensorial. Creía en las leyes naturales, en la metafísica.

En la calle el *bullying* se hizo presente. Sin embargo, forjó carácter… ¡Momentos duros! Creo que todos tenemos una historia.

Viví una catástrofe natural de mi guaira querida, donde perdimos cosas materiales y quedamos en cero. Una vez, para robarme una moto, me intentaron matar. Me apuntaron con una pistola en la cabeza, les entregué lo que tenía y aun así sonó un disparo. Todo pasó casi delante de mi esposa y mi hija. La bala no salió. Entre el susto, afirmé que tengo más cosas para dar.

Muchas cosas buenas me han pasado. Aprendí que soy el que decide la experiencia que quiero vivir en el presente y qué hacer con eso, que soy responsable de todo lo que pasa en mi entorno y que las leyes naturales o cuánticas no se equivocan, que somos nosotros los que cometemos errores.

Siempre quise más. Estudié y sigo estudiando todo lo que me permita ayudar a todos los seres vivos. Y sé que somos más que materia, somos energía, somos más allá de lo que vemos.

La vida me ha entregado a unos mentores maravillosos que me han dado lo mejor para mi formación y práctica de lo aprendido. Si no practicas lo aprendido no haces nada y eso es el punto de acceso a todo.

Fui algo rebelde y antes de liberar mi vocación o «quitarme la careta» pasé algunas experiencias universitarias, probando carreras, aunque sabía en el fondo a dónde iba. Solo que estaba en modo incoherente entre la mente, el cuerpo y la energía.

Formado en medicina veterinaria y medicinas naturales, amante de la naturaleza, la lectura y las leyes naturales o universales, de la meditación. Creo en la energía y en que al alinearla y expandirla se logran grandes cosas, que somos los responsables y que podemos cambiarlo todo.

Como terapeuta holístico y médico veterinario he visto cosas asombrosas; animales y personas reencontrándose con su calidad de vida, cómo la energía se mueve y cómo hay un *feedback*. Todos somos energía, vibración, y existe una proyección de nosotros en la naturaleza por su pureza. Si te sientes bien, todo va ir bien. Todo es cuestión de fluir y ser responsables de las creencias para cambiarlas y seguir con la evolución de forma consciente.

Llegaron a decir que la medicina veterinaria no era una buena carrera y mucho menos la medicina natural. ¡Meditación! Eso no da de comer… Te ponen una cruz de creencias: «Las medicinas naturales no sirven, es placebo, no hay evidencia». Eso es algo con lo que lidias a cada rato. Aparte de que eso fue hace más de veinte años. Pero algo en mí decía: «Sigue». No lo entendía, pero acepté y dije adiós a la las caretas. Estudié más y más, lo sigo haciendo.

Vi literalmente milagros de la naturaleza con mi especialidad, ayudando a la calidad de vida de animales desahuciados, con enfermedades terminales o que les influían en su calidad de vida, llegando a tenerla. Entendí que la medicina natural es un tema de holismo, que los seres vivos somos un todo y que por un tiempo solo nos enfocamos en la materia y no en la energía, que hay más leyes naturales que solo las de Newton, que hay más de lo que se ve.

Aprendí que el poder del pensamiento es maravilloso. Amplificado con las emociones y el enfoque energético, es volver al origen del SER natural.

Vi que ayudando a las personas ayudaba a recuperar el bienestar de mi «paciente animal», que mejoraba significativamente.

Mi propósito es ayudar a la naturaleza, a los animales, y para hacerlo debo ayudar al humano a recuperar la coherencia del SER natural, de la fluidez del cuerpo energético, que por resonancia influirá en otros seres. Entre todos podemos hacer un mundo mejor.

Soy un creyente de la bondad, del amor, de la naturaleza, de dar lo mejor de uno. Puede sonar «comeflor», pero prefiero eso que vivir en amargura aunque me digan que tengo que «ser realista»… Pues vivo de mi «realidad relativa», colaborando con todos los seres vivos y en todo lo que pueda.

Hay poderes extraordinarios en todos, solo hay que permitirse liberarlos, así que ¿por qué no hacer un libro, ayudar a más seres vivos, colaborar con más? Pues me atreví y aquí estoy.

Cuentas conmigo…